Beachside VENUS

—ビーチバレーの妖精たち—

FUTABASHA

Contents

Moravskos
kraj

坂口佳穂

SAKAGUCHI

KAHO

キュートな笑顔とともにコートに舞い降りた

ビーチのシンデレラ

2014年、ビーチバレーボール界にすい星のように現れ
瞬く間にビーチバレー界の人気選手となった
“ビーチのシンデレラ” 坂口佳穂
なぜ彼女はインドアではなくビーチの世界に飛び込んだのか？
キュートな笑顔に隠された熱い思いを語ってもらった

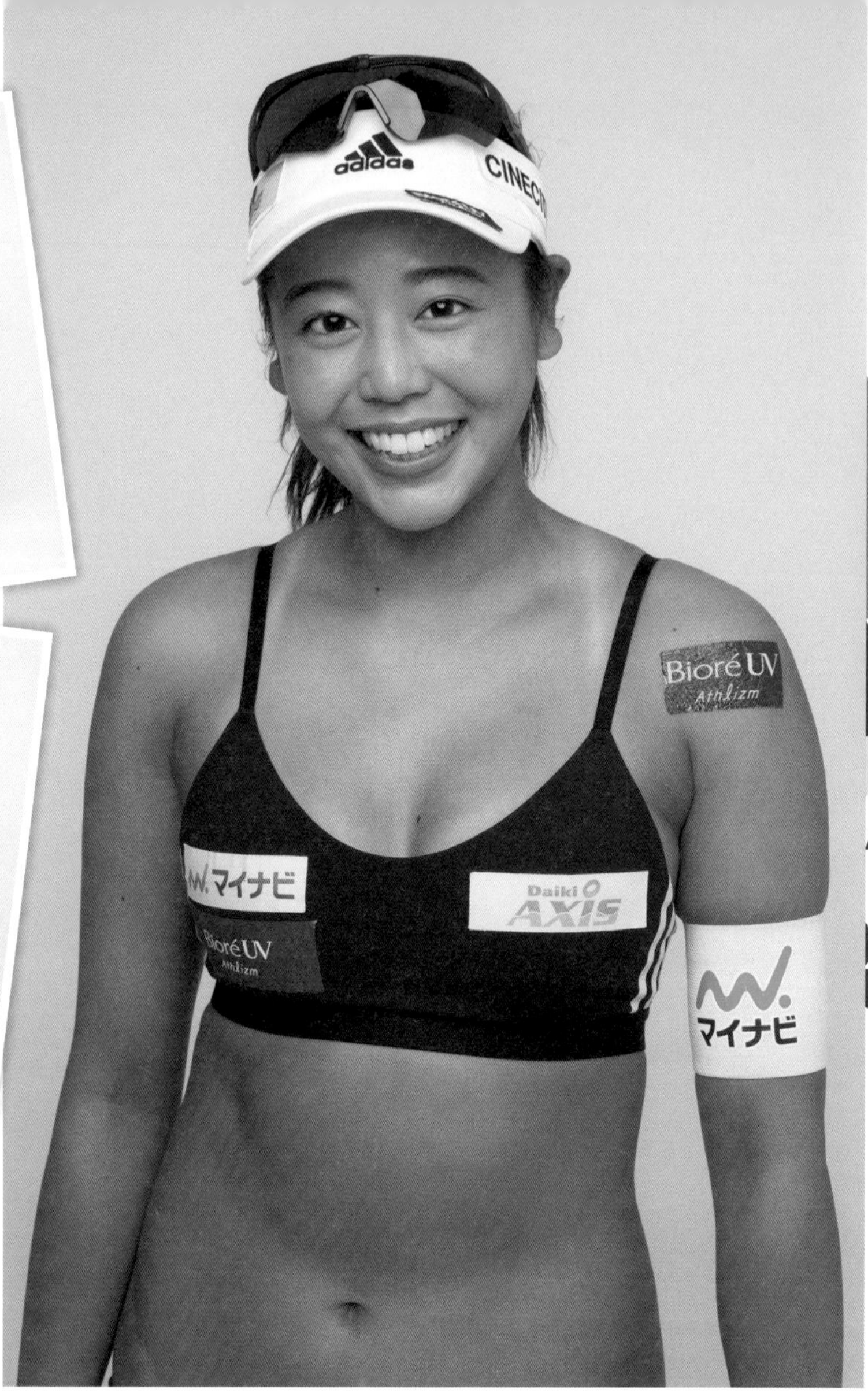
adidas
Bioré UV Athlizm
マイナビ
Bioré UV Athlizm
Daiki AXIS
マイナビ

マイナビ
CINECITTA

KAHO
マイナビ

「17歳で出会ったときの感動を忘れずにこれからも楽しんでプレーしていきたい！」

一目惚れで歩みはじめたビーチバレーへの道

――ビーチバレーの選手になったきっかけを教えてください

高校3年生の10月に父の友人から誘っていただいて、初めてビーチバレーの大会を見に行ったんです。そのとき感じた、海や太陽、風と戯れるようにプレーする、ビーチバレーならではの開放感に心を打たれたんですよね。

選手のみなさんもキラキラしていて、すごくカッコ良く見えたんです。その瞬間、ホント素直に「私もあの場所に立ちたい！」って思った。一目惚れですね（笑）。

――インドアの経験はあったのですか？

小学校1年生のときにインドアバレーをはじめて、中学3年生までやっていました。高校では一度バレーから離れていたんですが、ビーチバレーに出会って、大学に入ってから今度はビーチバレーという形で、バレーを再開しました。大学を卒業して、今3年目です。

――ビーチバレーをはじめて最も苦労したことは？

まず、砂の上で動くということ自体が、最初はとても大変でした。もちろん今でも大変なんですけど、インドアのようには動けないし、ジャンプでも踏ん張りが利かない。また、太陽や風といった日々変わる自然条件を受け入れてプレーしなければならないので、インドアより体力的にかなりきつい競技だと思いますね。頭もかなり使いますし……。

――ビーチのユニフォームはかなり露出度が高いようですが、抵抗はありませんでしたか？

今はなくなりましたが、以前は「パンツのサイド幅は7センチ」という規定があったので、最初はやはり恥ずかしいと思いましたし、これでホントに見えないのかなぁって心配にもなりました（笑）。

でも、実際には見えることはないですし、ズレないような工夫がしてあるんです。それを知ってからちょっと安心したというか、むしろできるだけ真っ黒に日焼けしたほうがカッコいいと思うようになりました。

――ホントに見えないんですか!?

見えません！　どんなにいいレンズのカメラで狙っても見えませんよ（笑）。

――でも、女性としては日焼けも気になるところだと思うのですが？

最初のうちは心の片隅にありましたけど、強い選手になりたいと思ってプレーしていたら、だんだん気にならなくなりましたね。今では日焼けはビーチバレー選手の勲章だと思っています。

もちろん将来のために日焼け止めでケアもしています。

メンタルを強化してさらに上を目指したい!!

――目標や憧れの選手はいますか？

今、世界の女子でトップにいるオーストラリアのマリアフェ選手（Mariafe Artacho Del Solar）ですね。憧れているというか、とにかくプレーがスゴイので、あんなプレーヤーになりたいなぁと思って、試合は必ずチェックしています。彼女はレシーバーなんですけど、とにかく拾う、拾う！　それにスピードもあって、レシーブの体勢から素早く立て直してスパイクを打つんですが、そのパワーがまたスゴい。結構なハードワークの中でも、最後のポイントをしっかり決めるんです。私も彼女のようなプレーができるようになりたいと思っています。

――村上礼華選手はどんな選手ですか？

コートの外に出るとすごくおとなしくて人見知り。穏やかなタイプですね。でも、いったんコートに入ったら、負けず嫌いでとっても勝気。私ですらたまに怖いって思うくらい（笑）。

――そんなに!?

ホント怖いですよー（笑）。

――もっと強くなるために必要なことは何だと思いますか？

もちろんフィジカルやテクニックも必要です。さらに、メンタル面の強化ですね。周りの人からは強そうに見えるってよく言われるんですけどね。確かに、吹っ切れたときの強さはあると思うんですが、何かが少しブレてしまったときに、脆い部分が顔を出してしまう……。

この間の合宿で、ベースになる技術はしっかり身につけて帰ってきたという自信があるので、その力を試合でコンスタントに発揮できるようにするためにも、メンタルが大事になる。また、体調を万全に整える上でもメンタルが関わってくるので、それらをすべてひっくるめて、大きな意味で「メンタルのブレをなくすこと」が今の課題だと思っています。

あと、考える力がもっと必要だと思っています。自分が成長するためにも、常に物事に対してより深く考え続けることが必要だと思っているので、苦しくても考えることはやめないようにしたいですね。

――ビーチバレー選手になって一番うれしかったことは何ですか？

一番はやっぱり優勝です！　規模の大小に関わらず、どのような大会でも優勝という結果はやっぱりすごくうれしいです。

――今後何歳ぐらいまでビーチバレーを続けようと思っていますか？

人生何が起こるかわかりませんが、何となく思っているのは30代前半くらいまでですかね。周りの人がよく、ビーチバレー選手にとっての〝いい年齢〟は30～35歳だと話しているので、私もそのころに選手としてのピークを迎えられるよう、しっかりと準備していきたいと思っています。女性としてはもちろん結婚もしたいし、子どもも産みたいですしね。

――将来、子どもが生まれたらビーチバレーの選手にさせたいですか？

子どもの選択に任せますが、ビーチバレーは人間関係も大切ですし、人として大きく成長しないと強くなれない競技だなって思うので、男の子でも女の子でも、おすすめのスポーツだと思っています。

スポーツはどの競技も大変なところもあると思いますが、どんなことも楽しめる人間であってほしいなあと思っています。もちろんビーチバレーの魅力は伝えたいと思います。

――もしビーチバレーの選手になっていなかったら、今どうしていたと思いますか？

私、昔からやりたいことがいろいろあって、高校生のときは看護師になりたくてそのための勉強をしていましたし、大学では政治学科で学んでいたので、ビーチバレーの選手になれなかったら、政治に関係した仕事につきたいなって、何となく思ってはいました。

――インドアのバレーを見ることはありますか？

自宅にいるときにテレビで放送されていたら見る、というぐらいですね。タイミングがあえば、男女どちらの試合でも見ますよ。

4人の弟をもつ大家族の長女

――プライベートについて少し聞かせていただきたいのですが、ご兄弟は何人ですか？

私は長女なんですが、双子の弟がいて、さらにその下にも弟が3人。全部で4人の弟がいます。一番下の弟が今、高校3年生なので18歳。なぜか双子の弟とは顔は全然似ていないんですけど、一番下の弟とは似てるねってよく言われます。

――それだけお子さんが多いと、お母さまは食事の準備が大変だったでしょうね。

本当に大変だったと思います。基本的に料理は大皿にドンと盛りつけられていて、たとえばパスタだったら3つの大きなお皿にそれぞれ味つけの違うものが準備されているし、唐揚げなんてもう量がハンパじゃないんです。お米も朝と夜それぞれ7～8合ずつ炊いていましたけど、それをすべて食べ切っていましたからね。全員で一緒に食べているときの私の姿は、結構ヤバイです（笑）。

――お母さまの手料理の中で何が一番お好きですか？

もう全部おいしいんですけど、特に母の作るルーを使わないシーフードカレーとキーマカレーは世界一ですね！ みなさんきっと〝お家カレー〟は一番でしょうけど（笑）

――今はひとり暮らしですか？

弟と一緒に住んでいます。

――何かペットは飼っていますか？

今は飼っていません。実家では子どものころ犬を飼っていたんですけど、私に全然なついてくれなくて（笑）。だから私、今でも動物を飼うっていうことにちょっと抵抗があるんです。どうしても「どうせ私にはなついてくれないよな」っていう思いが先に出てしまうんですよ。動物は好きなんですけどね。

――どうしてなついてくれなかったのでしょう？

私と双子の弟が一緒に近づいて行ったら絶対弟に行くし、弟とは散歩行くけど私とは行ってくれなかったんです。別にいじめたりしたわけじゃないのに「そんなあからさまな態度とる!?」っていうくらいだったから、次第に「もういいや」ってあきらめちゃいました（笑）。弟と2人で外から帰ってきても、

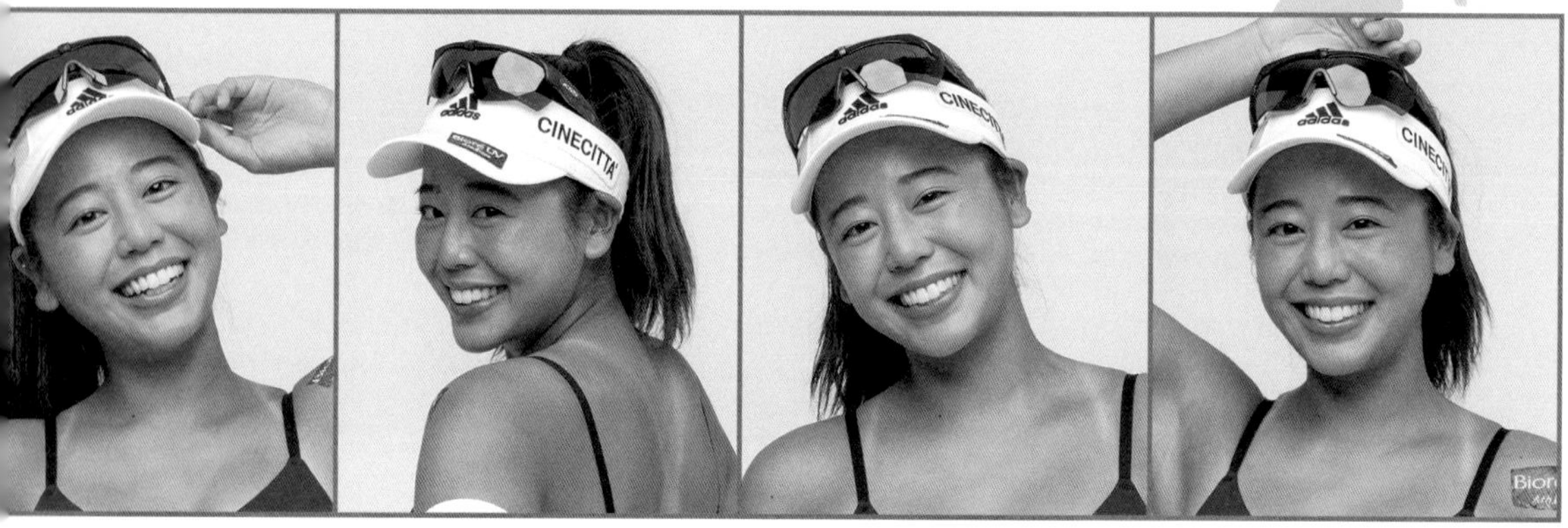

弟は犬の頭をなでに行くけど、私はそのまま家に入っちゃうみたいなことを続けていたら、いつの間にか近寄ってさえもくれなくなりました（笑）。

――好きな食べ物、苦手な食べ物はありますか？

大好物はうなぎですね。苦手な食べ物は特にありません。小さいころは見た目がダメで、ナスのお漬け物が苦手でしたけど、今は大丈夫。大人になったら何でも食べられるようになりました。

父の小言とともに思い出すハル君との初恋

――好きな男性のタイプは？

パッと見て「カッコイイな」と思うのは、身長が私より高くて、スポーツマンタイプで、筋肉質の人が多いですね。でも、付き合うなら尊敬できる部分があり、私のことを甘やかしてくれるような、包容力のある人がいいなぁって思います（笑）。

――初恋はいつですか？

最初に男の子を好きになったのは、保育園の年長さんだから5歳ですね。私、その子にめっちゃチューしてたんです（笑）。ホント好きすぎて。今でも名前を覚えてるぐらい。「ハル君」っていうんですが「ハル君！ ハル

君!」って言って、毎日追いかけ回して、ほかの女の子と取り合いをしてたんです。

——そのハル君はどんな男の子だったんですか?

だれにでも優しい子でしたね。私にもライバルの女の子にも、どっちにも優しくて。でも、私の家のほうがハル君の家に近かったので、子どもながらに「私のほうが有利だわ」って思いながら、保育園から帰るといつもハル君の家に遊びに行ってました(笑)。

——初恋の結末はどうなりました?

今でもはっきり覚えているのは、父に「そんなに簡単に男の子にチューするもんじゃない!!」ってめちゃくちゃ怒られたこと。初恋と言えばそこまでがセットで思い出なんです。いくら幼かったとはいえ、自分の娘が男の子にチューばっかりしに行くのはねぇ(笑)。父親としては複雑な思いだったんでしょうね。今となっては笑える話ですけど(笑)。

——今、結婚願望はありますか?

メッチャあります! ベストな時期は29歳ぐらいかな。

——結婚してもビーチバレーは続けたいですか?

はい、結婚しても続けたいです。日本の女子ビーチ選手の中にも、結婚後も選手を続けている方が何人かいらっしゃいますしね。試合で海外にも行かなきゃいけないことを考えると、子どもができるまでは続けたいですね。

お相手としては「ボクも仕事で忙しいから、少しの間会えなくても大丈夫だよ」って理解してくれる人になっちゃいますけどね。ひとり暮らしを経験した男性であれば、家事はできると思うので、そういう経験をしている方がいいなと思います。家事は分担で一緒にしてくれる人が理想です。

ひとたびビーチを離れれば ファッション好きな女のコ!

——お休みの日は主に何をして過ごしていますか?

友達と会うか、家族に会いに実家に帰るかどちらかですね。

——趣味はありますか?

映画を見るのが好きですね。小説を読むのも好きなんですけど、〝なんだか別世界に連れていってくれる〟みたいな感覚に浸れるものが好きですね。

——最近見た映画で面白かった作品は?

昨年見た『イエスタデイ』というイギリスの映画です。主人公が交通事故に遭い〝ビートルズの存在しない世界〟というパラレルワールドに迷い込んで

しまうコメディなんですが、ハッピーエンドで、映画館から出たときにとても気分が良かったんです。

——別世界といえば、これまで合宿や試合でいろいろな国を訪れたと思いますが、印象に残っている場所はありますか?

1年ほど前、合宿で行ったスペインのカナリア諸島にあるテネリフェ島は、これまで行った海沿いの街の中で一番好きです。1年を通して暖かく、雨も少ない場所なんです。海の感じとか街の雰囲気も素敵でしたね。リゾート地なんですけど静かで空気もいいし、それでいてすごく活気もあって……。機会があったら、ぜひみなさんにも行ってほしいですね!

——自分自身への一番のごほうびは?

やっぱりショッピングです。ファッションに興味があるので、お洋服とかシューズ、バッグとか、見ているだけでも楽しいです。「いつか欲しいな」って思っている、憧れのハイブランドのバッグなんかをいろいろ見ていると、ワクワクした気持ちになりますね。

——好きなブランドは?

う~ん、いろいろあるんですけど、なんだろう……。大人っぽいものを着たくなったときは〝RIM.ARK〟とかかな。最近よくチェックしているのは、

モデルのヨンアさんがクリエイティブディレクターを務めているブランドの"COEL"。めちゃ可愛いです！

——お気に入りのメイク用品はありますか？

イヴ・サンローランのリップは発色が良くて気に入っています。

——今、何か欲しいものは？

車です！　レクサスか、ベンツのEQAに乗りたいです。

——普段、どんな音楽を聞いていますか？

最近はOfficial髭男dismやVaundyの曲をよく聞いています。

——好きなタレントさんはいますか？

みやぞん（ANZEN漫才）さんです。

——テレビ番組はバラエティがお好き？

そうですね。最近は『テレビ千鳥』（テレビ朝日系）で一番笑わせてもらっています。

とにかく、もっともっとビーチバレーを知ってもらいたい！

——いよいよ東京五輪が開催されますが、オリンピックに対する思いは？

私たちペアは出場したいという願いを今回は叶えることができませんでしたが、ビーチバレーっていうスポーツは日本ではまだまだマイナーな競技なので、オリンピックという日本中の注目を集めるイベントは、ビーチバレーがもっともっとメジャーになるチャンスだと思っています。大げさかもしれないけど、今後の日本のビーチバレーの運命がかかっている大会なんじゃないかと……。

——日本のビーチバレーの発展につながると？

まずは知ってもらうことが第一。日本の選手も海外の選手も、本当にカッコ良かったり、かわいい選手が多いので、容姿から入ってもらう形も全然アリだと思うんです。さらに、こういう本やインターネットなどで、もう一段階深く興味をもってもらえたらうれしいですね。

——ビーチバレーを現場で観戦するポイントは？

最初はコートの横から見ると、両チームを均等に見られるので、初めてならそこでまずビーチバレーの雰囲気を感じてもらえたらいいと思います。DJさんだったり、選手のパートナーとのコミュニケーションの声などを聞きながら楽しんでもらえればいい。ちょっと慣れてきたら、エンドラインの後ろからコートをタテに見るようにすると、パートナーに出しているサインが見られたりして、戦略的なことがよりわかるようになったりします。見る場所をいろいろ変えて楽しんでほしいですね。

——最後にファンのみなさんにメッセージをお願いします。

まだまだビーチバレーはシーズン真っただ中ですから、とにかくぜひ一度、会場に遊びに来てほしいなって思います。ビーチバレーって結構客席とコートが近くて、迫力があって楽しめるスポーツ。私がそうだったように、来て見てもらえれば必ずその魅力を感じ取ってもらえる自信があります。選手とファンの距離も近いですし、日本の各地で大会が行われているので、まずは会場に応援に来て欲しいです!!　待ってま～す！

——ありがとうございました

Kaho♥Sakaguchi

坂口佳穂

さかぐち かほ

1996年３月25日生まれ、宮崎県串間市出身。身長172センチ
小学生のときにインドアバレーをはじめ、中学生までプレー
高校３年生でビーチバレー選手になることを決意する
デビュー後着実に実力をつけ、2018年ジャパンビーチバレーツアー第２戦で初優勝
2019年ジャパンビーチバレーツアー第３戦、第４戦、ファイナル優勝
同年、国際大会のFIBVワールドツアーテルアビブ大会で優勝
マイナビ/KBSC所属

二見
梓
FUTAMI
AZUSA

新旧のビーチクイーンが語り合う

試合、恋愛そして……結婚

ビーチバレー界のアイコンの１人として
長い間ビーチバレー界を牽引してきた
浦田聖子さんと、ビーチに転向して6年目
東京オリンピック出場を目指し
必死に戦ってきた二見さん
ふたりの年齢差は実に12歳。
干支が同じというおふたりは
その経歴にも共通点が多いそう
アスリートとして
そして女性としてのリアルな胸の内を
忌憚なく語ってもらいました！

浦田聖子

インドアでVリーグ制覇の経験があるという共通点

——おふたりの初めての出会いはいつですか？

浦田　確か2015年か16年ころのことですね。超プライベートな集まりだったよね？

二見　はい。会ったのは共通の友達の家で、私はインドアを引退したばかりで、まだビーチバレーをはじめていないころでしたね。

浦田　インドアをやめたっていうのは聞いていたんだけど、日本代表も経験していて、これからっていうときにどうしてやめたのか気になっていたんです。もしビーチバレーに来てくれたら、絶対いい選手になるだろうなって思いながらも、プライベートの席だったから詳しく聞けなくて……。

二見　インドアを引退してから「ビーチには行かないの？」って聞かれたこともあったんですけど「私はビーチバレーはやらないです」って答えてた（笑）。本当にそのときは、バレーはもういいっていう感じだったので……。精神的に暗い時期だったですね。

浦田　そうね。どうしてそんなに落ち込んでいるのかな？　何があったのかな？って思ってた。

——インドアをやめた理由は何だったんですか？

二見　ひと言でいうと、とにかくもう“お腹いっぱいになっちゃった”ということですかね。日本一になりたいという思いで実業団に入ったんですけど、先輩たちが強かったお陰で、最初のシーズンでその夢が達成できてしまったんですよね。それで、じゃあ次の目標は何かと考えたときに、はっきりしたものがなかなか見えてこなかったんです。その後いろいろ悩みながらも惰性で3年続けたんですけど、次第にこんな中途半端な気持ちでここにいてはいけないんじゃないかと思うようになってきて……。

浦田　結構早くに求めていた目標を全部達成できたことで、燃え尽きたというか、やり切ったという思いが強くなったのかなぁ……。

二見　そうですね。確かにやり切った感はありましたね。日本代表に選ばれたときも、ケガで松葉杖をついている状態だったんですけど、そのときもここは私の居場所じゃないって思いましたから……。

**——浦田さんはインド

アの引退はいつでしたか？

浦田　２００２年にビーチバレーに転向したので、インドアは3年間しかやっていません。

二見　インドアからビーチ転向までに、ブランクはあったんですか？

浦田　ない。そのまますぐにビーチへ行きましたね。

二見　私は結局8カ月ぐらいかかったかな。

浦田　初めて会ったのは、ちょうどそのころだよね。それから会う機会がなかったけど、ビーチをはじめたって聞いたときは、心の中で「ヨシ！　よくぞ来てくれた！」って思った。その後、試合会場で数回会ったことはあるけど、あいさつ程度で、なかなかゆっくり話もできなかったよね。

二見　試合会場はどうしてもバタバタしてますからね……。

浦田　選手はみんな戦闘モードだから「ビーチバレーどう？」なんて悠長に話せる雰囲気じゃないものね。

――心変わりしたきっかけは何だったんですか？

二見　やっぱり東京オリンピックの存在が大きいですね。「オリンピックに出たい！」っていう気持ちが湧いてきて「よし、やろう！」って決心したんです。ビーチバレーへ行った先輩たちから「絶対楽しいからやりなよ！」って誘っていただいたこともありましたしね。

浦田　私以外にも、そう思っている人がたくさんいましたよ。そりゃそうですよ、これだけ身長もあるんだし、やらないのは絶対もったいない（笑）！

二見　インドアのときはあまり「大きいね」って言われることはなかったんですけど、ビーチに来たら「大きくていいね！」ってみなさんが誉めてくれる。驚かれるんじゃなくて、誉められるっていうのは久々だけど、やっぱりうれしい（笑）。

――二見さんは浦田さんにどんな印象をもっていましたか？

二見　お目にかかるまでは「ビーチの浦田さん」っていう認識でしたけど、実際にお会いしてみると、いい意味でビーチ選手らしくないなと思いました。落ち着いているし、初めて会ったときがオフシーズンだったこともありましたけど、あまり日焼けしていないのが印象的でしたね。

浦田　私はもともとあまり日焼けしないタイプなんですよね。同じ時間練習していても、他の選手より白いので「お

浦田聖子

うらた・さとこ

1980年12月22日生まれ、佐賀県出身。身長175cm。東京都・共栄学園高校で春高バレー、インターハイ出場を経験し、1999年NECレッドロケッツ入団、２度のVリーグ優勝に貢献。2002年インドア競技を引退しビーチバレーに転向。2004年ビーチバレージャパン優勝を皮切りに、2006年楠原千秋とペアを組みアジア大会出場、2007年鈴木洋美とのペアでジャパンツアー東京大会、全日本女子選手権で優勝、2010年ビーチバレージャパン優勝、アジア大会ベスト８など国内外でコンスタントに活躍を続けた。2016年プロビーチバレー選手の庄司憲右と結婚、長女出産を機に育児に専念、競技は休業している

前、あんまり練習してないだろ？」ってよく言われた。「ちゃんとやってるわよ！」ってカチンときてましたけど（笑）。

二見　本当にビーチバレーの選手っぽくなくて、綺麗な方だなぁって思ってた。私も浦田さんぐらい白いままだったらいいのになぁって。

浦田　私は逆に焼きたかったよ。

二見　えぇ、そうですかぁ？　まあ、お互いないものねだりですね。でも、私は絶対白いほうがいいと思うけどなぁ……（笑）。

何から何まで自分たちでやる だからこそ成長できた

——ビーチでは海外遠征も多いと思いますが、特に印象に残っているできごとはありますか？

二見　ビーチバレーは飛行機やホテルの手配から、試合のエントリーに至るまで、とにかくなんでも全部自分たちペアでやるっていうのが、インドアとの大きな違いです。インドアはチームのマネージャーさんが、ほとんど全部やってくれますからね。最初は「えっ!?　ホテル好きなとこ選んでいいの？」ってすごく楽しかったんですけど、そのうち大変なことが多いとだんだんわかってきた。

一番衝撃的だった事件は、スイスの空港からブラジルに選手2人だけで移動するときに、旅行会社にお願いしていたはずのビザが、手違いでなぜか私の分だけ取れていなかったこと。飛行機に乗る直前で乗れないって言われて、私だけひと晩スイスの空港で過ごすはめになってしまったんです。しかもその日、私の誕生日だったんですよ。「もう、こんな誕生日ってある!?」って情けなくなりましたね。

浦田　試合には間に合ったの？

二見　次の日の飛行機には乗れたので、試合にはギリギリ間に合ったんですけど、試合はあっけなく負け。精神的にも肉体的にもグッタリした状態で臨んだ試合でしたからねぇ……。

　チケットの変更手続きも自分でしなければならなかったんで、旅行会社には「なんで私の分だけビザが取れてないの？」って文句を言いましたけど、後の祭りで……。でもビーチの選手なら、そんなハプニングはしょっちゅうですよね。

浦田　そう。予期せぬハプニングはいっぱいある。

——浦田さんはビーチをはじめたときは「BEACH WINDS」というクラブチームに所属していましたよね？

浦田　そうです。だから、ありがたいことに私の場合は、飛行機やホテルなどの手配はクラブでやってもらえました。でも、マネージャーさんが帯同するわけではないので、やはり自分たちペアで対応しなきゃいけないことも多かったです。

　たとえば、マネージャーさんが取ってくれたホテルが会場からものすごく遠くて、結局、現地に行ってから会場に近いホテルを自分たちで探して変更したり。試合って毎年だいたい同じところでやるので、結局自分たちの経験で都合のいいところを取ったほうが便利なんです。

　フライトなどもトラブルになれば時間もかかるし、試合に集中したいのに余計なエネルギーを使わなければいけないことも多い。でも、先輩方から「そういうこともできてこそ、本物のビーチバレー選手だよ」って言われていたので、すべて含めて試合の一環と考えてやっていました。

二見　インドアにはない経験ですよね。

浦田　ないよねー。チームの寮を出て、ひとり暮らしをはじめたときも最初ウキウキしたけど、それまで自分でお金を払うことがあまりなかったこともあって、家賃や水道、電気、ガス代とか、生活するのにこんなにもお金かかるんだってことを、そのとき初めて知ったんですよ（笑）。

二見　確かにそうですね！

浦田　インドア時代はチームから守られていて、選手は練習にだけ集中すればよかったので、とってもありがたい環境にあったんだなと改めて思いましたね。でも、大変なことも多いけれど、実際にひとりで生活してみることで、人間として成長できたという思いがある。ビーチをやって本当に良かったと思っています。

ビーチの世界を経験し 男性観や結婚観にも変化が!?

——浦田さんは二見さんと同年代のころ、結婚についてどう考えていましたか？

浦田　実際に結婚するまでは、漠然と「私はずっと独身だろうなあぁ」って思ってました。同じ空間に男性が一緒にいて、生活を共にするっていうことがまったく想像できなくて……。ひとりでいたほうが自分の好きなときに、サクッと出かけられたりするし、楽だなぁって思ってましたね。

　それが今では、結婚して子どもまでいるんですから、ホント将来のことってわからないもんだなぁって実感しています（笑）。

——二見さんは結婚についてどう考え

AZUSA FUTAMI

ていますか？

二見　理想はありますけど、今は20代前半のときに好きだったタイプと、タイプが変わってきましたね。20代前半はバレーをやっている人が好きでしたけど、最近は私が知らない世界を知っている人のほうが魅力的だと思うようになってきました。

浦田　それはやっぱり、インドアを離れて外に目が向くようになって、知らない世界を知るっていう楽しさがわかったからだよ。

二見　なるほど、そうかもしれないですね。ところで、どうですか同業者のご主人というのは？（＊浦田は2016年1月にプロビーチバレー選手の庄司憲右氏と結婚）。

浦田　基本的に家では、バレーのことはほとんど話さないかな……。話すとどうしてもケンカになるから（笑）。立場をわきまえるようにしてます！

二見　やっぱりケンカになるんだ！

浦田　お互い、いいとこも悪いとこもわかっちゃうからですよね。

浦田　同じ選手でも考え方が違うことはよくある。同性同士でもそうなんだから、異性だとなおさらかもね。

二見　そうですよねぇ（笑）。

――やっぱり付き合うなら二見さんより背が高い男性がいい？

二見　高いといいなとは思いますけど、今まで好きになった人の中には身長が低い人もいるので、背の高さは重要なポイントではないですね。でも、私の背の高さを嫌がる人はダメかな。

浦田　あぁ、それはわかる！

二見　相手が気にして「できればヒールは履かないで」みたいな雰囲気だと、それはちょっとって思っちゃいますね。

――そういえば、二見さんは嵐の大ファンだと伺っていますが？

二見　そうです！　嵐はホントにもう極上!!　だれが好きなのってよく聞かれるんですけど、メンバー全員が大好きなんで、だれかひとりを選ぶなんてできないんですよ。二宮（和也）さんが結婚したときはかなりショックで、だいぶブルーになってました。自分でもちょっとキモイなって思いましたけど、本当にそうだったので仕方ない（笑）。活動休止してしまって本当に寂しいです。

ペアの関係は夫婦と似てる!?

――ペアを組む場合、何が基準になりますか？

浦田　ビーチバレーはペアで行う競技で、このふたり1組っていうチーム形態が独特といえば独特で、そこに競技としての面白さや、難しさが出てくるんだと思います。ペアの相手を選ぶ場合、技術的な部分はもちろん大切ですが、相手を思いやれるかどうかが、最も大切な要素ではないかと思っています。

　それって私が思うに、夫婦生活とすごく似ている。ビーチで学んだ人間関係が、夫婦関係にも生かされているなって感じることがよくあるんですよ。もちろん選手のときは、将来の夫婦生活に役に立つなんて一切思ってなかったですけどね（笑）。自分の好き嫌いではなく、相手のことを考えて人としてどう接していくべきかとか、役割分担をどうするかを考えるという点で、ホント似ていると思うんですよね。

二見　なるほど！

浦田　ビーチバレーでは「この人とは合わないな」と思ったら、すぐにペアを替えればいいという考え方もあるかもしれないですけど、本当はその前にふたりでしっかりと向き合って、どこにうまくいかない原因があるのか詰めていかないといけないと思うんですよね。それは夫婦も同じで……。

二見　確かにそうですね。譲れない部分なのか、あるいはそうでないのか、理性的に考えてすり合わせていく作業は必要ですね。

浦田　スポーツ選手は結果を出せば成功ですけど、家庭生活はそれほど簡単じゃない。どんな家庭を作っていくかってところからはじまって、その目標に向かって、ふたりで協力してどう進んでいくかが大切なんじゃないかと思いますね。

　私はビーチバレーに転向したころ「ビーチのほうが向いているな」って思ったんだけど、二見ちゃんはどう？

二見　正直に言うと、最初はふたりって、けっこうきついなって思いました。でも、いろいろあったけど、暁子（長谷川）さんとペアを組んで5シーズン目になるので、今では逆に暁子さんといるほうが楽って思えるようになりましたね。

浦田　そう思えるのは、お互いパートナーとして意思の疎通がうまくできている証拠だね。そうじゃなかったら、ホントふたりっていうのはしんどいもん。

二見　やっぱり暁子さんにいろいろと教えてもらうことが多いですから。ふたりで話し合って、考え方や目標を一致させるのは最初きつかったですけど、でもその作業は必ず通らなきゃいけない道ですものね。

浦田　それがきちんとできているのはすごいと思う。

AZUSA

二見　今では遠征先のホテルは、暁子さんと同じ部屋でいいぐらいなんです（笑）。

――ペアを解消する場合、主にどんな理由からなのでしょうか？

二見　私はまだ暁子さんとしかやったことがないので、よくわからないです。

浦田　私は何度か経験していますけど、大きくは目標とするものの違いということでしょうかね……。もちろん試合結果というのも重要な要素ですけど、結果が出ないからといって、すぐにペア解消とはならないですね。

　さっきも言いましたが、チームとして目標に向かっていくためには、まずお互いのことを理解する作業をやらなければいけないんです。でも、その話し合いの中で、はっきりと目的や目標の違いが出てきてしまうと、やっぱりペアとしては厳しくなってきますね。

　たとえば「試合に勝ちたい！」ってひと言でいっても、片方の目標が国内で1位になることで、もう一方が世界で上位を目指したいと思っているのであれば、同じ「勝ちたい」でもやっぱりペアとしてズレが生じてきちゃう。私の場合は、そういうケースがほとんどでしたね。

――ハードな転戦の中で、一番の気分転換は何ですか？

二見　私は、現地のカフェなどに行って、パートナーとめっちゃいろいろなことを話すんです。試合に負けても、その結果を受け入れて、しっかりと現実に向き合わなければ次がはじまらない。何も話さず、反省も何もなく次の試合に入るよりは、お互いのグチでも、周りのグチでも何でもいいので、そこで話し合って、スパッと気持ちを切り替えることが必要だと思っています。

浦田　それができるっていうのは、ペアとしていい形だよね。

二見　でも、やっぱり話すまで気は重いんですけどね。だからあえてビーチではなく、場所を変えてカフェで話すことにしています。

――浦田さんの気分転換はどんな方法でしたか？

二見　気になる（笑）。

浦田　日本にいるときなら、他の競技でダブルスでプレーしている友達なんかと話をして、グチを聞いてもらうっていうこともありましたけど、海外に出ているときは友達もいないので、もう、好きなもの食べるとか、買い物で気分転換を図るしかない（笑）。海外は洋服のサイズも豊富だしね！

二見　ホント、サイズが合うのはうれしいですよね!!

浦田　でも「なんで負けたのに買い物なんかしているの？」と思われるのもイヤなので、気分転換になるかどうかは、試合の結果によっても変わってくるんですけどね（笑）。

二見　確かにそこが難しいんですよねぇ……。

本当に必要なものを選ぶ目をもつことが大切

――好きな食べ物と苦手な食べ物、また、アスリートとして食生活で決めていることがあったら教えてください。

二見　好きな食べ物は、断然焼肉です！　苦手なのはワサビ。

浦田　エッ！　それじゃお寿司はサビ抜き？

二見　そうなんですよ。何度も克服しようとしたんですけど、食べるとどうしても涙が止まらなくなってダメなんです。

――食事の制限はされていますか？

二見　食事じゃないけど、今はお酒をやめています（笑）。

浦田　彼女、かなりの酒豪らしいんですよ（笑）。

二見　ホントはめっちゃ好きなんですよね。

――どんなお酒が好きなんですか？

二見　ワインが一番好きですね。それほど厳格にやめようと思ったわけではなかったんですけど、1杯だけって飲んでしまうと、そこでやめられずについつい進んでしまうので……（笑）。禁酒というか一度好きなものを我慢してみるのも、自分にとっていいかもしれないと思いましてね。でも、2019年のタイでのレセプションパーティーで、ビールの一気飲み大会があったんですよ。

浦田　海外ではよくあるんだよね。

二見　ペアのうち私が年下なので、そういうケースでは自然と私が参加することになる。ひと口だけちょっと含んで、むせたふりして棄権しましたけど（笑）。

――浦田さんは好きな食べ物は？

浦田　私もお肉とかお寿司。でも遠征に行く前には、必ずうな丼を食べてから出かけてました。

二見　スタミナをつけるため？

浦田　そう。横浜でうな丼食べて、当時は羽田便がなかったので、YCAT（横浜シティエアターミナル）からバスで成田空港に行ってたんです。「よし、がんばるぞ！」っていう、ゲン担ぎ的な食事でしたね。

――嫌いなものはありますか？

浦田　特に嫌いなものはありませんね。私、アスリート向けの食事法に興味があって、すぐマネしたくなるんです。

FUTAMI
Azusa

最近では、テニスのノバク・ジョコビッチ選手が実践しているという、小麦に含まれるグルテンを一切摂取しない「グルテンフリー」という食事法に興味があるんです。

だけど、娘がめっちゃ麺好きなんですよ。今は競技から離れているとはいえ、こんなグルテンいっぱいな生活をしている自分に対して、心苦しいというか、歯がゆいような思いがあって、何だかおいしく食べられない（笑）。

二見　私も麺類は大好きなんですけど、頭のどこかで「これ食べないほうが体にいいし、思考も明瞭になるって言うしなぁ」って思いますけど、なかなか誘惑には勝てない。

浦田　頭が働くようになれば、すぐに子どもを怒ったりすることもなくなるのかなぁって思ったりもしますね。でも、今は子どもが最優先なので、メニューは子どもに合わせています。

自分も人に合わせることできるんだなぁって、ちょっとビックリしてますけど（笑）。

――それまで人に合わせるのが苦手だった？

浦田　もともと、やりたいことを貫かないと気が済まないタイプでしたからね。やるのか、やらないのかの二者択一で。

二見　白黒つけたいタイプ!?

浦田　やっとグレーゾーンがもてるようになりました（笑）。

二見　子どもの力ってすごい！

――ビーチ選手として日焼け止めは必需品だと思うのですが、メイクやファッションでこだわりはありますか？

二見　「LDK」っていう雑誌を知ってますか？　食料品やキッチン用品から化粧品まで、いろいろな商品を実際に試して、いいものは二重丸、悪いやつはバツってホントに正直に書いている雑誌があるんですよ。最近ではそこでいいって書かれている物の中から選んで買うようにしています。特に日焼け止めは必ずそこでチェックしてますね。

浦田　私は現役のときは、それこそリフレッシュのためにショッピングに行って、パーッと欲しい洋服を買うのが好きだったんですよ。でも、娘ができてからは〝プチプラコーデ〟をうまく取り入れて、着回しがきくファッションに変わってきました。何か新しい物を買うなら、娘のためにって思う気持ちが年々強くなってきましたね。

二見　そんなに変わるなんてスゴい!!

選手を育てる環境と魅力を広める活動が必要！

――最後に、今後のビーチバレー界について思うことや、期待することがあったら教えてください。

二見　私がビーチに転向した時期に、東京オリンピックの開催が決まったこともあって、協会がコーチをつけてくれて、いつでも練習できる環境を作ってくれたことがすごくありがたかったですね。浦田さんがはじめたころは、練習環境など大変だったんじゃないですか？

浦田　日本代表でプレーしていたときに感じたのは、世界とのサポート環境の差。ブラジルやアメリカなどの強豪国は、練習中からコーチをはじめ10人以上のスタッフがそろっている。私たちはスタッフをひとりお願いするだけでも、金銭面でのハードルが高かったんです。インドアではすでに当たり前になっているトレーナーやアナリストといった、多方向のスタッフによるフォローが、当時の日本のビーチ界にはなかった。

二見　今でも海外との差は、まだまだ大きいですよね。

浦田　そうね。二見ちゃんが言うように、昔に比べれば今は少し良くなってきてはいるけど、それでもまだインドアの選手に「やりがいがある競技だからおいでよ」とは簡単に言える状況ではない。

生活面を考えても、実業団でプレーしている選手であれば会社を辞めなければいけないわけで、自らスポンサーを見つけるなり、別の企業に所属するなりして、生活の基盤を築いてからでないと、高い目標をもって競技を続けるのは難しいのが現実なんですよね。早く、その点がもっと変わってくるといいなぁって思いますけどね……。

二見　確かに賞金だけで生活するっていうのは無理がありますよね……。

浦田　私は一番の目標は成し遂げられなかったけど、今後若い選手が競技をやっていく上で、そういった環境改善は絶対必要なことだと思う。今は子育てもあって、私ができることは限られているけど、ゆくゆくはビーチバレー界への恩返しとして、できることは率先してやっていきたいと思っています。

海外では「これぞビーチバレー!!」っていう雰囲気の大会が数多くあって、観客動員数も多い。ビーチバレーには、見ている人を飽きさせない、競技としての面白さがあると思うので、もっと多くの日本人に知って欲しい。二見ちゃんはこれからの選手なんだから、ぜひともがんばって続けてね！

二見　ありがとうございます。ガンバリます!!

――どうもありがとうございました

Azusa♥Futami

二見 梓

ふたみ あずさ

1992年５月15日生まれ、神奈川県出身。身長180cm。神奈川県内の強豪校・大和南高校で2009年の春高バレーでベスト８
国体でベスト４に入賞し2011年４月、プレミアリーグの東レ・アローズに入部。翌年１月デビュー
２年ぶり４回目のリーグ制覇に貢献した。同年アジアカップ女子大会の日本代表に選出
2015年にインドア競技を引退し2016年ビーチバレー転向
2017年ビーチバレージャパンで長谷川暁子とのペアでメジャー初優勝
2018年はイタリアを拠点に活動し高さのあるブロックに磨きをかける。2019年全日本ビーチバレー女子選手権優勝
マイナビジャパンビーチバレーボールツアー 2021第1戦優勝。東レエンジニアリング株式会社所属

MURAKAMI

REIKA

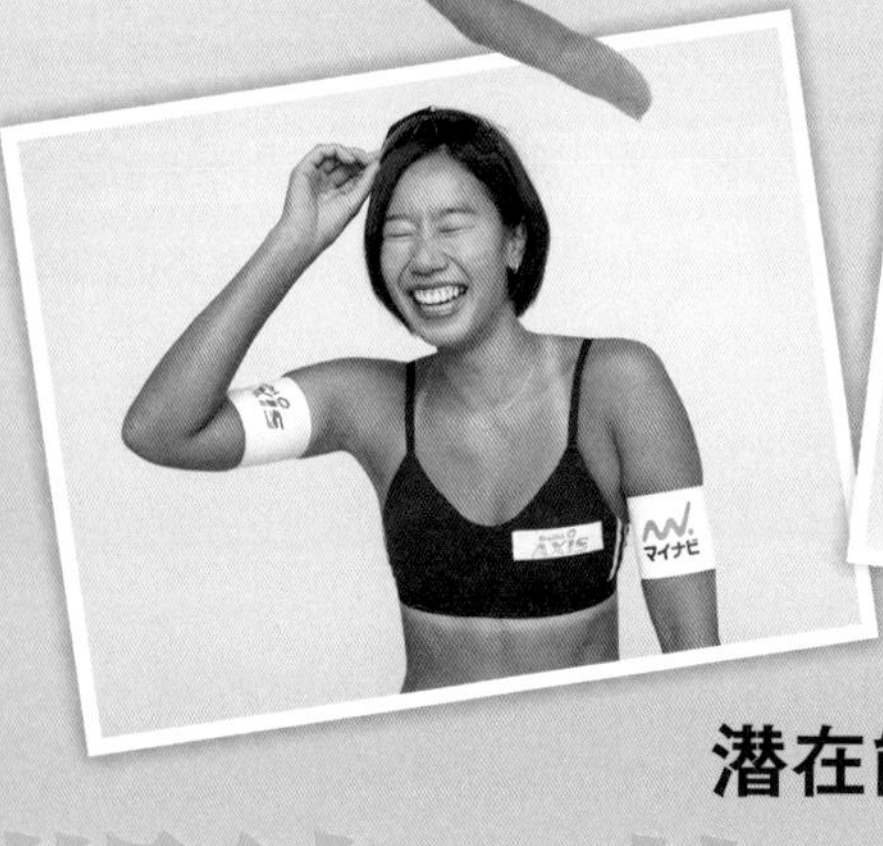

潜在能力はピカイチ！

期待の若手ビーチガール

高校時代に元オリンピアンに実力を見出され
インドアからビーチバレーに転向した村上礼華選手
本格的にビーチをはじめて1年足らずで
日本代表に選出されるなど潜在的な能力の高さは証明ずみ
今後、世界を舞台にした活躍が期待される彼女に
ビーチバレー＆私生活について、さまざまなお話を伺った

村上礼華

「食べているときが一番幸せ！」一度にごはん5合をペロリ!?

――ツアー中はずっと坂口佳穂選手と一緒でしたか？

そうですね。特に前シーズンは合宿や遠征などで一緒の時間が多く、遠征先ではホテルの部屋も一緒。まるで恋人同士のようでした（笑）。

佳穂さんは毎朝のコーヒータイムが日課なんですけど、私はコーヒーが苦手なんです。でも、おいしそうに飲む佳穂さんを見ていたら、何となくコーヒーの味を覚えてみたいと思うようになってきて……。まだブラックはハードルが高いので、今はカプチーノからトライしてます！

――坂口選手の印象は？

出会ったときの第一印象はとにかく「かわいい人」。性格も裏表のない、とても素直な女性だなあと思いました。

――坂口さんのほうが1歳上？

そうです。年齢は1つしか違わないんですけど、何でも話せる〝頼りになる先輩〟っていう感じです。佳穂さんにとって私は妹みたいなものかな。

実は私、人見知りで人とコミュニケーションをとるのが苦手なほうなんです。思ったことをすぐには言えず、飲み込んでしまうタイプ。でも、佳穂さんはそんな私の性格をわかってくれていて、私が言いたいことを言える雰囲気をいつも作ってくれるので、とっても助かっています。

――海外遠征の際、飛行機の中ではどのように過ごしていますか？

基本、すぐ寝ちゃいます（笑）。たまに起きているときは音楽を聴いたり、ユーチューブを見たり……。今は「みきおだ」や「てんちむ」というユーチューバーにはまっています。あと男性アイドルも好きですね。

――好きなスポーツ選手はいますか？

フィギュアスケートの羽生結弦クンが好き！　試合後のコメントとか、競技に臨む姿勢などストイックな感じがいい。美しい見た目とのギャップが魅力です。ケガから復帰後、平昌五輪に出て優勝したときのあの滑りには、鳥肌が立つくらい感動しました。ユーチューブで繰り返し何回も見ましたね。

――オフの過ごし方は？

普段会えない友人と会ったりしています。今は忙しくてほとんど見られませんが、本来はめちゃテレビ人間で、昔は『花ざかりの君たちへ』などドラマをよく見てましたね。

あとお笑いも好きで、ミキや狩野英孝さんのファンです。

――シーズン中の気分転換はどうして

いますか？

海外の場合は、寝るのが一番の気分転換（笑）。国内では転戦先でのグルメ探索です。スマホでおいしそうなお店を検索して、食べに行くのが密かな楽しみです。

——食べるのが好きなんですね。

おいしいものを食べているときが一番の幸せ。でも、本当はおかずよりごはんが好きなんです。女子の間では糖質ダイエットが流行っていて、ごはんを食べないという人もいるようですけど、私はまったく逆！

この間も茶碗1杯だけ食べて、あとは冷凍保存用にと思ってお米を5合炊いたんですけど、ついつい食べすぎて、気づいたら5合全部食べちゃってた（笑）。なので、ツアー中はベスト体重を維持できるよう、食事の量には気をつけています。

——好きな料理は何ですか？

焼き肉とカレー、お寿司、ラーメンが大好物です。焼肉では特にカルビが好き。ごはんが進みますから（笑）。ワサビが苦手なので握りはサビ抜きで、好きなネタは炙りサーモン。ちょっとお子ちゃまですかね（笑）。

——お母さんの味は恋しくなる？

そうですね。特に長期間海外にいると恋しくなりますね。母の手料理で好きなのはカレーとハンバーグ。実家のある淡路島は玉ねぎの名産地なので、我が家のカレーは玉ねぎたっぷりなんです。実家に帰ったときには、ホントその味に癒されますね。

——ほかに癒されるものは？

愛犬です！　中学のときから「キャンディ」と「ラブ」っていう2匹のトイプードルを飼っているんです。

でも、私のお気に入りは従順なラブのほう。キャンディは噛みついてきたり、お座りしてくれなかったり、なかなか言うことを聞いてくれないんですよ。どうも私のことを下に見ているらしくてね。完全に主従関係が逆転しちゃってます（笑）。

佐伯さんの誘いに飛び込んだビーチバレーへの道

——小さいころはどんな子どもでしたか？

男の子たちと一緒にサッカーをするなど、運動ばかりしてましたね。母はバスケットボール、父はサッカーをやっていたので、スポーツ好きは遺伝かもしれません。一時期ピアノも習ってましたが、センスがなかったのか、どうも好きになれませんでしたね。

——バレーボールとの出会いは？

小学校1年生のときです。当時の女子バレー界は19歳の2大エース〝メグカナ〟（栗原恵さんと大山加奈さん）が大活躍をしていた時代。栗原さんが「プリンセスメグ」、大山さんが「パワフルカナ」って呼ばれて大人気だったんです。

2人の中でも私は、力強いスパイクを決め、ガッツポーズでコートを走り回る大山さんに憧れてバレーをはじめました。

でも、はじめた当初は3歳から続けていた水泳のほうが好きで、得意の背泳ぎに磨きをかけることに熱中してました。中学では水泳部に入ろうと思ってましたからね。でも、入学と同時に水泳部が廃部になってしまって……。

そこで、しかたなくバレー部に入ったんです（笑）。

——初めからバレー一筋というわけではなかったんですね。

そうですね。泳ぐのも、走るのも好き。長い距離を走るのも全然苦ではありませんでした。マラソン大会にも出場したいし、トライアスロンにも興味があった。どちらかと言えば球技より、水泳と陸上のほうが好きだったかもしれません。

でも今はビーチバレー一筋ですけど（笑）！

——インドアでのポジションは？

セッターでした。ただ、高校3年のときチームがツーセッターになったので、このときからスパイクも打つようになりました。

——スパイカーとしてのキャリアはまだ浅いわけですね？

そうなんですよ。だからビーチバレーをはじめた当初は「スパイクのフォームが少し変だよ」って言われた（笑）。それまで正式なアタッカーとしてスパイクなんて打ったことがなかったから当たり前ですよね。

——それが、最近では、フォームも完璧になった？

それはどうかなぁ……（笑）。でも攻撃の得意技は身につけました。ビーチバレーの攻撃方法は2つあって、ブロックやレシーブをはじき飛ばす「ヒット」と呼ぶ強打攻撃と、ブロックの上を抜けてレシーバのいない位置にボールを落とす「ショット」と呼ぶ軟打攻撃があるのですが、私が得意なのは主にショットのほうですね。

——セッターの経験は役に立っていますか？

どうですかねぇ……。まあビーチではいろいろなプレーをこなさなければならないので、その点ではセッターをやったのも良かったと思っています。

——ビーチバレーをはじめたのはいつからですか？

高校のときです。入学した高校のバレー部が、ビーチバレーでも全国大会（マドンナカップ）の常連校だったんです。大会出場のために夏の1カ月間だけ、淡路島の砂浜で練習したのが最初です。でもそのときは、あくまでもインドアがメインで、ビーチは臨時っていう感じだったんですけど。

——本格的にはじめたのきっかけは？

今でも愛媛県の大学で指導されている、佐伯美佳さんに誘われたのがきっかけです。あの有名なオリンピアンからの誘いだったので「えっ、私が!? スゴい！ ぜひ教えてもらいたい」って思って、一も二もなく愛媛行きを即決しました。

インドアでもそこそこ強い大学から誘いはあったんですけど、それはすべて断り、ビーチに懸けてみようって決意したんです。

——大学ではだれとペアを組んでいたんですか？

北京五輪に出場した楠原千秋さんと

ペアを組ませてもらって、国体などに出場しながら経験を積みました。

——露出度が高い水着に抵抗感はありませんでしたか？

最初は少し恥ずかしい気持ちがありましたね。でも、ジャパンツアーの選手を見ていたら、小さい水着のほうがカッコイイなあと思うようになった。今では堂々と着ています！。

ビーチバレーは「考えるスポーツ」若さと勢いで勝ちに行きたい！

——インドアとビーチの最大の違いはどこだと思いますか？

ビーチバレーのほうが、ボールに触る回数が圧倒的に多いことですね。インドアでセッターをしていたときはトスだけだったけど、ビーチではレシーブもスパイクも打てる！自分的には楽しいですね。

——ほかには？

インドアでは監督からの指示で動くことがほとんど。でも、ビーチには監督はいません。点を取るまでのラリー展開を予想し、攻撃はどうするかなど、ペアで細かいところまで考えながら戦わなければいけない。これは大きな違いですね。

——アウトドアという状況も大きな違いですよね？

そうですね。風向きでボールの軌道が瞬時に変わるので、風や太陽といった気象条件を味方につけることが重要なんです。最初は風が大嫌いで、なかなか上手にトスが上がらず、悔し泣きすることもしょっちゅうでしたね。

——砂の状態も会場によって違いますか？

会場によって砂の状態はマチマチで、砂が深かったり、軽かったりすると、足が砂の中に深く潜り込んでしまうので、どうしても瞬発力やジャンプ力は落ちますね。でも、それは相手ペアも同じですから、強くなるためには、どんな砂にも対応できるようにならなければいけないと思っています。

深い砂の場合、強打の選手はネットにかけやすくなるので、長身でパワーのある外国人ペアとの試合では、相手のミスを誘いやすくなる。難しい状況を逆に利用して、深い砂に強いペアになれればいいなあと思っています。

——坂口さんとのペアで出場した試合で、一番印象に残っているのは？

２０１９年の「ジャパンビーチバレーボールツアーファナル・グランフロント大阪大会」（10月12・13日開催）で優勝したことです。この大会の前の3大会は納得のいく成績ではなかったので練習してきたことが出せて優勝できたのはとてもうれしかったですね。

——決勝戦は緊張しましたか？

「絶対勝たなきゃ！」って気負うことはなくて「ここで勝てば、めちゃ周囲から注目を集められる！」っていう、ウキウキした気持ちのほうが大きかったですね。目立ちたがりやの性格がいいほうに出たのかも（笑）。

とにかく、気負わずリラックスして試合に臨めたのが勝因だったのかもしれません。

——自分を分析すると？

若さと勢いは申し分なし（笑）！サーブで相手を崩し、しっかり守って最後に点を取るっていうのが私のスタイルです。ベテランペアに比べれば戦術面でのレパートリーは少ないので、まだまだ勉強中です。

——最後にファンのみなさんに一言お願いします。

とにかく、たくさんのみなさんにプレーを見ていただきたいです。選手も観客も一緒になって楽しめるのがビーチバレーの魅力ですし、会場ではDJスタイルの実況で場を盛り上げてくれるので、ストレス発散にもなるはず……。

ぜひ、みなさん試合会場に足を運んでください！

——ありがとうございました

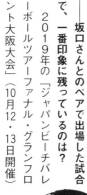

Reika Murakami

村上礼華

むらかみ れいか

株式会社ダイキアクシス所属。小学校1年生からバレーをはじめ
三原中学校、淡路三原高等学校ではバレー部に所属し、セッターとして活躍
高校時代にビーチバレーをはじめ、ビーチバレーの女子高校生日本一を決める「マドンナカップ」に出場
インドアとビーチで3大会のオリンピック出場を果たした佐伯美香さんの目に留まり
佐伯さんがコーチを務める愛媛県松山東雲女子大学に入学し、本格的にビーチバレーに取り組む

Legend *of*
Beach Volleyball 1

ビーチバレー界を彩った女性たち

Miwa Asao

浅尾美和

ビーチバレーをメジャーにした

元祖「ビーチの妖精」

2004年にデビューすると
その愛らしさから“ビーチの妖精”として爆発的な人気を博し
「ビーチバレー」の名を一躍世に知らしめた浅尾美和さん
現在はタレント活動のかたわら
二児のママとして充実した毎日を送っている
ビーチを離れた今だからこそ話せる当時の気持ちと
これからのビーチバレー界についてお話を伺った

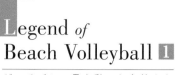

ビーチバレーに出会わなければ今ごろはきっとパティシエ!?

——バレーボールをはじめたきっかけを教えてください。

父がバレーボールをやっていたので、その影響で小学校2年生のときにはじめました。母もママさんバレーをやっていて、バレー一家だったんです。父が国体で三重県代表だったこともあって、小学生のころはユニフォームを着ている父がカッコいいと思っていましたね。

——ビーチへ転向したきっかけは?

春高バレーに出たときに誘われたのがきっかけですね。そのときはまだビーチバレーの知識がほとんどなかったんですが、その後、アテネオリンピックへの出場が決まっていた、徳野涼子さんと楠原千秋さんペアの合宿を見学させていただく機会があったんです。身長が168cmと私より小さい涼さんが、砂の上で機敏に動く姿がすごくカッコよく見えた。

その瞬間に「もしかしたら私もオリンピックを目指せるかも」って単純に思っちゃったんです(笑)。

——実際にやってみてどうでしたか?

楽しかったです! でも、それはうまくできたからというのではなくて、逆にできなかったからなんです。やる前までは「インドアでは全国大会へも行ったし、キャプテンまでやってたんだから」って、少し自信があったんですけど、ビーチは全然感覚が違った。

まず、砂の上からのジャンプがあんなにも難しいとは思わなかったですね。インドアではレフトだったので、サーブカットはしましたけどトスを上げることはほぼなかったんです。でも、ビーチバレーではトスを含め、すべてのプレーを自らこなさなければならない。難しい反面、そういう部分がとても新鮮で楽しく思えたんです。

——自分に合っていると思った?

涼さんと千秋さんが、山本(知寿)監督やコーチに「このプレーはもっとこうしたい」って意見を言っていて、選手発信で練習メニューが決まることに驚いたんです。インドアはチームプレーが求められる競技なので、どうしても自分の意見より監督やコーチの方針が優先されるのに対して、ビーチは選手主体に戦術や練習方法が決められる。プロのプレーヤーとして「自分たちはこうすべきだ」という確固としたビジョンをもって戦える競技なので、そういう点では、私に合っているんじゃないかと思いましたね。

——インドアを続けるという選択肢はなかったんですか?

高校3年のときにいくつかの大学から誘っていただいたんですが、大学へ進んでバレーを続けるっていう考えはなくて……。実は子どものころから、将来はケーキ屋さんになりたいと思ってたんですよ(笑)。

ビーチバレーに出会う前までは、高校を卒業したら自宅の近所にあった、おいしいケーキ屋さんで働こうと思ってました。

人気と実力の狭間で気がついたこと

——現役時代、一番の思い出は何ですか?

ありがたいことに、早くからワールドツアーを回らせてもらっていたんですが、タイのプーケットで初めてオリンピックに出場したイタリアのペアに勝って、メインドローに行けたことが忘れられませんね。ちょうどそのとき雑誌の企画があり、普段から応援してくれている方々がツアーを組んで見に来てくれていて、一番いい瞬間をファンとスタッフ共々、共有できたことがすごくうれしかったです。今でもプーケットはとても好きな場所です(笑)。

——では、逆に一番悩んだことは何ですか?

認知度と実力のギャップですかね……。メディアの力って大きくて、デビュー当初からたくさんの人に応援してもらえる機会をいただいていたんですけど、注目される割になかなか結果が出せなかったんです。当時は涼さんも千秋さんも現役だったし、佐伯（美香）さんのような、私からすると〝雲の上の存在〟の人たちと一緒に戦っていたから、なかなか思うように勝てなくて……。本当はそれでも勝たなければいけないんですけどね。

　認知度に実力が伴っていないのは実感してましたけど、選手というよりタ

レント的に注目されるのには、ちょっと違和感を感じていました。今思えば、とても幸せなことだったんですけどね。

――つらい思い出ですか？

　いえ、今となっては本当にいい経験だったと思っています。あの経験がなかったら今の私はありませんから。負けた選手にインタビューしてくれるなんてなかなかない（笑）。すごくありがたいことです。今あのころに戻れたら、自分の置かれた環境に、もっと素直に感謝できたと思うんですけどね……。

――ビーチバレーの人気が急上昇したときの気持ちは？

そりゃ、うれしかったですよ！　だって会場が満席になったんですから。高校生のころインドアの試合を見に行ったとき「こんな大勢の観客の前で試合ができるなんてすごい！」って思った記憶があったんですけど、いざビーチバレー選手になってみたら、観客の少なさに驚いたんです。最初のうちは、試合会場の近くを歩いている人にも「絶対面白いから一度見て！」って叫びたい気持ちでプレーしてました（笑）。

やっぱりプロとしては、拍手や歓声は大きければ大きいほどモチベーションが上がるので、徐々に観客数が増えていったときはうれしかったですね。

――ファンとの交流で心に残っていることはありますか？

どうやっても勝てない時期があったんですけど、そんなときでも国内を一緒に転戦して応援してくださるファンの方々がいたんです。飛行機やホテル代もかかるのに申し訳なくて、試合後のあいさつで「ありがとうございました」ではなく、「今回も勝てなくてすみません」って謝るようになってしまったんです。

でも、そうしたら「勝ってほしいし、勝った姿は見たいけど、それより楽しそうにプレーしている姿を応援しているんだ」って言ってくださった。それを聞いたとき、そもそも好きではじめたビーチバレーだったはずなのに、全然楽しんでプレーしていなかったことに気づいたんです。それからは、どんなときでも笑顔を忘れないようになった。最初は作り笑いでしたけど、笑顔でいるうちに肩の力が抜け、徐々にプレーも良くなっていったんです。

ファンの方々のお陰で初心に返れたことは、大変ありがたかったと思っています。

世界との差を縮めるために必要なこと

――ビーチバレーに向いているのは、どんなタイプの選手だと思いますか？

やっぱりオールラウンドプレーヤーですね。ポイントはアタックだけでなくサーブがいいこと。バレーボールは基本的にサーブからはじまるし、2人だと打つ回数も必然的に多くなりますからね。サーブのときの体幹を見て、ブレが少ないと感じる人はいいなと思います。あと、やはり精神力が強い人です。

――今、日本で実力があると思う選手は？

ポジションにもよりますが、やっぱりしんちゃん（村上めぐみ）はすごいです。東京オリンピックに懸ける思いが本当に強い。自分たちで勝ち取った出場権だし、出られなかった人たちの思いも背負って、大会を楽しんで欲しいなと思います。何といっても自国開催ですからね。

――外国人選手で注目している選手は？

ドイツのラウラ・ルードヴィヒ選手です。リオデジャネイロ・オリンピックの金メダリストで、私が現役のときからプレーしていて、一緒に練習していると私たちに水を持って来てくれるような優しい選手なんです。

産休から復帰して今もがんばっているので応援しています。若くて体力のある選手が有利な競技が多い中、ビーチバレーは風向きや砂の性質など、経験則が必要なことも多く、年齢を重ねても努力次第で上位をキープできる競技なので、まだまだ彼女も十分活躍できると思っています。

――世界一を狙うには、何が必要だと思いますか？

ワールドツアーを転戦していると、最初は私たちと同じようなポイントで、同じようなところで負けるようなペアだったのに、次のシーズンではグンと強くなっているというペアに出会うことがある。身長以外ここまで差が出る理由は、環境の良さと指導者、そして緻密なデータ分析にあると思いました。フィジカルのトレーニングは大切ですが、何より科学的根拠に基づいたトータルとしての練習を積み重ねないと、なかなか世界に伍しては戦えないと思います。国によっては、協会の分析結果でペアを決めるところもあるほどですからね。

それと、ジュニアの強化も課題でしょうね。ドイツや中国などは、インドアからの転向組みではなく、最初からビーチバレーの選手として育成されているんです。日本も学校の部活動があればいいけど、各学校に砂のコートを作るのはまだまだハードルが高い。指導者が少ないことも今後の課題ですね。

――もし、今現役だったらペアを組みたいと思う選手はいますか？

しんちゃんは私と年齢が同じですけど、今でも現役で海外の大きな選手たちと対等に戦っている。私はワールドツアーでは身長差に圧倒されて壁を打ち破れなかったから、もしできるなら一緒に海外を回って、いろいろなことを学んでみたいですね。

とにかく気軽に楽しめる環境をつくることが大切

――初めてビーチバレーを見る人には、どこを見てほしいですか？

まず、ビーチの開放感を楽しんでほしいですね。会場には音楽も流れていますし、ちょっとビールでも飲みながら、気軽に観戦してもらえればうれしいですね。特にナイターはおすすめです。もちろんコロナが収束してからですけどね。

そして、会場に来たら一度砂へ降りて、選手と同じように動いてみてください。実際に砂の上で動いてみると、試合での選手同士の〝駆け引き〟がわかるようになると思います。体験コーナーをやっている会場もあるので、ぜひ一度チャレンジしてみてほしいです。

――今後国内での人気を高めるには、何が必要だと思いますか？

第一には敷居を低くすることですね。野球が好きでキャッチボールからはじめた子が、草野球からリトルリーグ、そして甲子園を経てプロへと進むように、「ビーチバレーって楽しそうだ」って思ってもらうことがスタートでは

ないでしょうか。インドアバレーをやったことがない人でも、気軽にチャレンジできるような環境を整えられれば、もっともっと人気は高まるんじゃないかと思います。

また、インドアでは「ママさんバレー」があるけど、「ママさんビーチ」ってほぼない。Tシャツ短パンでもプレーOKにして、水着の慣習をなくすとか、男女混合を作るなど、だれもが入りやすい競技形態にすることも必要だと思います。

――浅尾さんは選手・タレント・妻・母と、さまざまな経験を重ねて来ましたが、どの時期が一番幸せだと感じましたか？

それぞれの時期で幸福感は違うものです。アスリートは結果がすべてで、そこで評価されるのが当たり前の世界でしたけど、引退後は勝ち負けで決まることってほとんどない。タレント活動にしろ、主婦業、母親業にしろ、そのときどきの仕事を楽しんで精一杯やるだけですね。

ビーチバレーをやっていて良かったと思うことは「相手を思いやる心」の大切さを学んだことです。それは夫婦や子どもとの関係でも一緒。常に相手側に立って考えるようにすれば、自然と正解は見えてくるように思います。

――お子さんがビーチバレーの選手になりたいと言ったらどうしますか？

今はまだ「大きくなったらティラノサウルスになりたい」って言っているぐらいなのでね（笑）。でも、将来「これがやりたい！」っていう積極的な気持ちが芽生えてくれたら、それだけでうれしい！　親になってみて、子どもがやりたいと思うことを応援できるのは、すごく幸せなことだと初めて思えたんです。もちろん、ビーチバレーがやりたいと言ったら、全力で応援します！

――今後、ビーチバレーとどう向き合っていこうと思っていますか？

日本は島国で周囲を海で囲まれており、素敵な砂浜が全国にいっぱいある。環境としてはビーチバレー向きなんです。ですから、もっと多くの人にビーチバレーの魅力を知ってもらいたいと思っています。

競技として選手のレベルアップも大切ですが、裾野を広げる意味で子どもたちと一緒に楽しめるビーチバレー教室をやりたい。親子でのビーチバレー教室ってすごく楽しいと思うんですよ。

微力ですが、選手としての経験を生かし、ビーチバレーの普及に少しでも貢献できたらと思っています。

――ありがとうございました

Miwa♠Asao

浅尾美和

あさお みわ

1986年２月２日生まれ、三重県鈴鹿市出身。身長172cm
三重県立津商業高校時代は２年、３年と春高バレーに出場し
国体とインターハイは３年連続で出場を果たす。３年生ではキャプテンも務めた
2004年ビーチバレーに転向、主な戦績は2008年ジャパンレディース優勝
2009年ビーチバレージャパン優勝
2012年現役を引退し翌年結婚、２児の母となった現在はタレントとして
『ドデスカ』（メ～テレ）、『サンデー LIVE!』（テレビ朝日系）などに出演中

♣

日本女子ペア TOP6

東京2020オリンピックの出場権を賭け
「東京2020ビーチバレーボール代表チーム決定戦」に臨んだ
全6組、12名の選手たちを一挙公開！

Women's beach volleyball player Best 6 in Japan

JAPAN

Miki Ishii & Megumi Murakami
Chiyo Suzuki & Yurika Sakaguchi
Takemi Nishibori & Sayaka Mizoe

Akiko Hasegawa & Azusa Futami
Kaho Sakaguchi & Reika Murakami
Ayumi Kusano & Suzuka Hashimoto

JAPAN

Miki♣Ishii

石井 美樹

■**所属**／荒井商事・湘南ベルマーレ　■**出身地**／神奈川県藤沢市　■**生年月日**／1989.11.7

■**身長**／171cm　■**血液型**／A　■**利き手**／右　■**ホームビーチ**／ひらつかビーチパーク

■**経歴**／大和南高→久光製薬スプリングス→JTマーヴェラス

Megumi・Murakami

村上めぐみ

■**所属**／株式会社オーイング　■**出身地**／福井県越前市　■**生年月日**／1985.9.14　■**身長**／165cm

■**血液型**／B　■**利き手**／右　■**ホームビーチ**／ひらつかビーチパーク

■**経歴**／福井商業高→大阪国際大→上越マリンブリーズ

JAPAN

Chiyo・Suzuki

鈴木 千代

■所属／クロス・ヘッド ■出身地／東京都江戸川区 ■生年月日／1993.11.18
■身長／172cm ■血液型／O ■利き手／左 ■ホームビーチ／ひらつかビーチパーク
■経歴／共栄学園高→産業能率大

Yurika♣Sakaguchi

坂口 由里香

■**所属**／大樹グループ　■**出身地**／神奈川県大和市　■**生年月日**／1994.7.20
■**身長**／165cm　■**血液型**／B　■**利き手**／右　■**ホームビーチ**／ひらつかビーチパーク
■**経歴**／湘南台高→青山学院女子短大

JAPAN

Takemi・Nishibori

西堀 健実

■**所属**／トヨタ自動車　■**出身地**／長野県中野市　■**生年月日**／1981.8.20
■**身長**／171cm　■**血液型**／A　■**利き手**／右　■**ホームビーチ**／トヨタ自動車・衣浦工場内
■**経歴**／古川商業高→JTマーヴェラス

Sayaka ♣ Mizoe

溝江 明香

■所属／トヨタ自動車　■出身地／東京都町田市　■生年月日／1990.7.16
■身長／176cm　■血液型／B　■利き手／右　■ホームビーチ／トヨタ自動車 衣浦工場内
■経歴／駒場高→産業能率大

JAPAN

Azusa・Futami

二見 梓

■**所属**／東レエンジニアリング株式会社　■**出身地**／神奈川県三浦郡葉山町　■**生年月日**／1992.5.15
■**身長**／180cm　■**血液型**／―　■**利き手**／右　■**ホームビーチ**／川崎マリエン
■**経歴**／大和南高→東レ

Akiko・Hasegawa

長谷川 暁子

■**所属**／NTTコムウェア株式会社　■**出身地**／東京都江東区　■**生年月日**／1985.11.30

■**身長**／175cm　■**血液型**／O　■**利き手**／右　■**ホームビーチ**／川崎マリエン

■**経歴**／文京学院大学女子高→青山学院大→NECレッドロケッツ

JAPAN

Reika・Murakami

村上 礼華

■**所属**／ダイキアクシス　■**出身地**／兵庫県南あわじ市　■**生年月日**／1997.1.10
■**身長**／173cm　■**血液型**／A　■**利き手**／右　■**ホームビーチ**／ダイキ室内練習場
■**経歴**／淡路三原高→松山東雲女子大

Kaho♣Sakaguchi

坂口 佳穂

■**所属**／マイナビ/KBSC　■**出身地**／宮崎県串間市　■**生年月日**／1996.3.25
■**身長**／172cm　■**血液型**／A　■**利き手**／右　■**ホームビーチ**／川崎マリエン
■**経歴**／武蔵野大

JAPAN

Ayumi・Kusano

草野 歩

■**所属**／パソナグループ　■**出身地**／東京都江戸川区　■**生年月日**／1985.6.22

■**身長**／174cm　■**血液型**／B　■**利き手**／右　■**ホームビーチ**／日本体育大学ビーチコート

■**経歴**／共栄学園高→日本体育大→日本体育大学大学院

Suzuka ♣ Hashimoto

橋本 涼加

■**所属**／トヨタ自動車　■**出身地**／三重県鈴鹿市　■**生年月日**／1993.8.28

■**身長**／183cm　■**血液型**／B　■**利き手**／右　■**ホームビーチ**／トヨタ自動車・衣浦工場内

■**経歴**／津商業高→デンソー

東京2020オリンピック
ビーチバレーボール競技日程

【 会場：潮風公園 】

7月24日（土）
9:00 - 12:50
女子 or 男子 予選ラウンド（4試合）
15:00 - 17:50
女子 or 男子 予選ラウンド（3試合）
20:00 - 22:50
女子 or 男子 予選ラウンド（3試合）

7月25日（日）
9:00 - 12:50
女子 or 男子 予選ラウンド（4 試合）
15:00 - 17:50
女子 or 男子 予選ラウンド（3試合）
20:00 - 22:50
女子 or 男子 予選ラウンド（3試合）

7月26日（月）
9:00 - 12:50
女子 or 男子 予選ラウンド（4試合）
15:00 - 17:50
女子 or 男子 予選ラウンド（3試合）
20:00 - 22:50
女子 or 男子 予選ラウンド（3試合）

7月27日（火）
9:00 - 12:50
女子 or 男子 予選ラウンド（4試合）
15:00 - 17:50
女子 or 男子 予選ラウンド（3試合）
20:00 - 22:50
女子 or 男子 予選ラウンド（3試合）

7月28日（水）
9:00 - 11:50
女子 or 男子 予選ラウンド（3試合）
15:00 - 17:50
女子 or 男子 予選ラウンド（3試合）
20:00 - 22:50
女子 or 男子 予選ラウンド（3試合）

7月29日（木）
9:00 - 11:50
女子 or 男子 予選ラウンド（3試合）
15:00 - 17:50
女子 or 男子 予選ラウンド（3試合）
20:00 - 22:50
女子 or 男子 予選ラウンド（3試合）

7月30日（金）
9:00 - 11:50
女子 or 男子 予選ラウンド（3試合）
15:00 - 17:50
女子 or 男子 予選ラウンド（3試合）
20:00 - 22:50
女子 or 男子 予選ラウンド（3試合）

7月31日（土）
9:00 - 11:50
女子 or 男子 予選ラウンド（3試合）
15:00 - 17:50
女子 or 男子 予選ラウンド（2試合）
女子 or 男子 敗者復活戦（1試合）
20:00 - 22:50
女子 or 男子 敗者復活戦（3試合）

8月1日（日）
9:00 - 10:50
女子 or 男子 決勝トーナメント（2試合）
13:00 - 14:50
女子 or 男子 決勝トーナメント（2試合）
17:00 - 18:50
女子 or 男子 決勝トーナメント（2試合）
21:00 - 22:50
女子 or 男子 決勝トーナメント（2試合）

8月2日（月）
9:00 - 10:50
女子 or 男子 決勝トーナメント（2試合）
13:00 - 14:50
女子 or 男子 決勝トーナメント（2試合）
17:00 - 18:50
女子 or 男子 決勝トーナメント（2試合）
21:00 - 22:50
女子 or 男子 決勝トーナメント（2試合）

8月3日（火）
9:00 - 10:50
女子 準々決勝（2試合）
21:00 - 22:50
女子 準々決勝（2試合）

8月4日（水）
9:00 - 10:50
男子 準々決勝（2試合）
21:00 - 22:50
男子 準々決勝（2試合）

8月5日（木）
9:00 - 10:50
女子 or 男子 準決勝（2試合）
21:00 - 22:50
女子 or 男子 準決勝（2試合）

8月6日（金）
10:00 - 12:50
女子 3位決定戦／決勝／表彰式

8月7日（土）
10:00 - 12:50
男子 3位決定戦／決勝／表彰式

※2021.7.6 現在

Legend *of*
Beach Volleyball 2

ビーチバレー界を彩った女性たち

佐伯美香

日本選手として初代オリンピアン
ビーチバレー界を牽引した真のパイオニア

インドア選手としてアトランタ五輪に
出場を果たした後転向したビーチでも
高橋有紀子選手とペアを組み
初出場したシドニーオリンピックで
４位という成績を収めた佐伯美香さん
現在もビーチバレー指導者として輝き続ける
“ビーチレジェンド”にご自身のバレー人生と
今後の抱負について語っていただいた

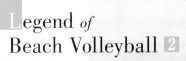

監督に誘われて スタートしたバレー人生

――バレーボールをはじめたのはいつですか？

小学校5年の3学期に、バレー部の監督に誘われたのがきっかけではじめました。4年のときにはバスケットをやっていたんですけど、あまり面白さを感じていなかったんですよ。だから誘われたときは、まったく迷うことなく、バレーボールへ進みました。

――当時から背は高かった？

クラスではいつも一番後ろでしたけど、そこまで高いっていうほうじゃなかったと思います。バレーをはじめてから10cmくらい伸びましたけどね。現在の身長は172cmです。

――バレーをはじめたころ憧れていた選手は？

中学生のころは三橋栄三郎さんです。高さがなくても、いろいろなプレーをこなす、オールラウンドのプレースタイルに憧れましたね。

――インドアで出場したアトランタオリンピックでの思い出は？

チームとしては、まず初戦の韓国に勝つという絶対目標があったんですけど、願い叶わず負けてしまい、結局そのままいいところなく終わってしまった。開会式も翌日が初戦だったから出られず、私にとってアトランタは悔しい思いしかない大会でしたね。でも、あの悔しさを経験したからこそ、ビーチでのオリンピック出場が叶ったと思っています。

――まだインドアでプレーできたはずなのに、ビーチに転向した理由は？

とにかく、もう一度オリンピックに行きたかったからです。アトランタオリンピックが終わった後、私としては何とか次のオリンピックでリベンジしたいという思いでいたんですけど、次の代表チームは大型で若い選手中心でいくと聞いて、私の居る場所はないのかなと思ったんです。

そんなとき、アトランタ五輪で正式種目になったばかりのビーチなら、出場の可能性があるのではと考えて、転向を決意したんです。それまでにも少しビーチの経験があったのでね……。

――転向してみて戸惑いはありませんでしたか？

最初は戸惑いだらけだったと思います（笑）。インドアでは、いくら毎日3時間の練習といっても、総勢20人ぐらいのチーム練習ですから、実際に一人ひとりの選手が3時間動くことはないんです。

でもビーチバレーは2人での練習ですから、常に動きっぱなし。まず、練習中に休むなんていうことはできないので、最初はホントに戸惑いましたね。

最初にペアを組んだユッコさん（高橋有紀子）は、目一杯の練習と抜く練習とのメリハリが上手な先輩だったので、すごく勉強になりましたけどね（笑）。

——プレー面で戸惑ったことはありますか？

当たり前なんですが、ビーチではまず風に慣れなければいけないし、プレーではすべての技術が要求される。しかも、それを自分たちだけで状況を考えながらやらなければいけないんです。最初の２年間ぐらいは「このままで、本当にオリンピック行けるのかなぁ？」って不安しかなかったですね。

——ビーチバレーの面白さは何だと思いますか？

駆け引きですね。インドア同様、やはり背の高い選手は有利なんですが、風を読む知識や、相手を騙す技術があれば、背が低い選手でも対等に戦える。相手ペアとの駆け引きは経験値で左右されますから、続けていけばいくほど、だんだん面白さがわかってくるんですよ。

——どんなプレーヤーがビーチバレーに向いていると思いますか？

ビーチの選手はすべての技術を要求されるので、やはりオールラウンドプレーヤーですね。その上、何でも自分でやらなければいけないので、自分に厳しく、プラス思考でメリハリがつけられる選手が向いていると思います。

——パートナー選びで重要だと思うことは何ですか？

同じ目標をもてる人ですね。例えば１人がオリンピックでメダル目指し、もう１人は出場することを目指すのでは、ペアとしての目標がマッチしない。同じ夢に向かって、気持ちをひとつにして戦えるペアが理想ですね。

あとは高さとか器用さとか、自分にないものをもっている人。そして、何よりペアとしてのコミュニケーションがとれることが重要だと思います。

また、どんなペアであっても、対立や衝突を起こしたとき、お互い〝逃げ場〟を作っておくことも大切。だから今、指導者として、選手のバランスを見ながら２人だけでできるのか、第三者が間に入ったほうがいいのかなども見るようにしています。

——現役時代一番気が合った選手はだれですか？

気が合ったというのではないかもしれませんが、やはりシドニーを一緒に戦った高橋有紀子選手とペアを組んでいたときのことが印象強く残っています。ビーチバレーをはじめたばかりで、何もわからなかったころに一緒だったからかもしれませんけど……。

技術力を駆使すれば
メダル獲得の可能性あり!?

——ビーチバレー選手として、一番の思い出は何ですか？

いろいろな場所に行って、試合や合宿をしたことですね。オリンピックは選手生活の中のほんの一瞬。そこまでの道程のほうが長いので、やはり思い出に残ります。特にシドニーオリンピック前のブラジル合宿は、5カ月間、毎日食べて寝て、練習するだけの日々。治安の悪いところでもあったので、本当に大変でしたけど、強くなれたっていう実感が湧いた合宿でしたね。

——最も記憶に残っている試合は？

北京オリンピックの出場権を決めるワールドツアーです。これに勝たないとオリンピックに行けないという一戦がフランスであったんです。対戦相手のメキシコはすでにオリンピックの出場が決まっていたからか、なぜか試合の前に、全然関係ない国のコーチが八百長をもちかけてきたんですよ。もちろんていねいにお断りしましたけど（笑）。

その日の試合は、夕方なのにとにかく暑くてね。パートナーの楠原（千秋）がねらわれたので、ひたすら励ましながら戦った結果、何とか逆転勝ちでオリンピックの出場権を手にしたんです。

当時、主人の会社にスポンサーになってもらっていたので、絶対負けるわけにはいかないと思ってた。インドアも含めて一番プレッシャーを感じた試合でしたね（笑）。日本時間では夜遅くからスタートした試合でしたけど、主人も寝ずに待っていてくれたので、勝った後すぐに電話しました（笑）。

——選手として一番苦しかったことは何ですか？

出産後に復帰してからは、練習していても子どものことが気になるし、自分がやりたいからと、子どもに寂しい思いをさせていいのか悩みました。でも、子どもも少しずつ大きくなっていくと、私自身も家庭の時間、選手の時間、とメリハリをつけられるようになり、心の中の葛藤はなくなっていきました。

——復帰を決めた理由は？

シドニーが終わった直後は、苦しい練習はもうしたくないって思っていたんです。でも結婚して子どもが欲しいという夢が叶ったとき、メダルに手が

届くところまでいって取れなかった悔しさが、フッと湧いて出てきたんですよね。それで、人生後悔しないために、もう一度挑戦してみようという気持ちになったんです。

――復帰後、苦労したことはありましたか?

スポンサーがなくなっていたので、復帰後は車を売って遠征費にあてたりもしたんですよ。そのときはとても苦しかったですけど、今となってはすごくいい経験だと思っています。忘れられない思い出ですね。

――出産を経て、体の変化はありましたか?

出産後、一時20kg近く太りましたし、ブランクもあったので筋力もだいぶ落ちていましたね。復帰を決めて、トレーニングをはじめてから10kg落とすまではアッという間だったんですけど、あと10kgを落とすのには苦労しました。トレーナーをつけて、本格的なトレーニングもしましたよ。どんなに辛くても、オリンピックの舞台に立っている姿を子どもに見せたかったから、がんばれたんだと思っています。

――ご主人は復帰に賛成でしたか?

そもそも復帰は主人からの提案なんです。まだ結婚前のことでしたけど、シドニーまで応援に来てくれたことがあって、そのとき初めて見たオリンピックがとても印象深かったようなんです。だから、子どもにもオリンピックを見せたいという思いは、私より強かったんじゃないかと思います(笑)。

――選手と家庭の両立は大変でしたか?

遠征で1年のうち半分は家にいない状況を主人が理解してくれて、本当に恵まれていました。それまで主人は家事をしない人でしたけど、私が合宿や試合で家を留守にしている間は、全部やってくれるようになりました。息子の幼稚園のお弁当まで作って、仕事が終わると息子を幼稚園へ迎えに行く。ママ友と仲良くなったようで、お弁当の相談にも乗ってもらっていたようです(笑)。主人だからできたんだと感謝しています。

――出場したオリンピックの中で最も心に残っている大会は?

やっぱりシドニーですね。最終日が私の誕生日だったんですよ。だから絶対最終日まで残るんだって心に誓って臨んだんです。結果は4位でしたけど、何とか3位決定戦で最終日まで残ることができた。最終日は何千人という観客の中、DJに「今日が誕生日の佐伯美香選手」って紹介されて入場し、観客のみなさんがみんなで「ハッピーバースデー」を歌ってくれた……。あれにはホント感動しました。

――シドニーでの試合で心に残っていることは？

1回戦が石坂有紀子さん、清家ちえさんペアとの日本人対決だったんです。この1回戦は感慨深かったです。実はそれまでこのペアに負けたことはなかったんですが、オリンピック出発直前の試合で初めて負けてしまったんです。

でもその負けがあったからこそ、気持ちを引き締めることができましたし、オリンピックでは勢いに乗ることができたんだと思う。「どこにも絶対負けないほどの練習量をこなしてきたんだ」っていう自負もありましたしね。

――なぜそんなにストイックに練習することができたんですか？

ビーチに転向するときに「どうしてビーチに行くの？」っていろいろな方から聞かれたんですよ。当時、世間的にはビーチバレーの認知度は低かったですし、インドアより格下というイメージをもたれていたんですよね。

だから、私がオリンピックで結果を残すことで、ビーチバレーをもっとメジャーな競技にしてやろうと思ったこと、みんなに「行って良かったね！」って喜んでほしかったんです。とにかく結果を出したいっていう思いが強かったから、がんばれたんだと思います。

――生まれ変わっても、またビーチバレーをやりたいですか？

ビーチもやりたいですけど、ビーチを経験してから自分で考えて行動できる人間になれたと思っているので、今のこの思考や技術をもってインドアをやったら、もっと技術の幅は広がるだろうし、楽しいだろうなとも思います。だから、できれるなら両方やりたいです！

技術力を駆使すればメダル獲得の可能性あり!?

――現在気になる日本人ペアはいますか？

前年度まで、私がスーパーバイザーを務めてた坂口佳穂と村上礼華のプレーは気になりますね。私自身の経験を踏まえて今まで2人に要求してきたのは、とにかくやるだけのことは全部やったと言えるほど、自分を追い込んで欲しいということ。まだ若いので、これからの選手ですけどね。

礼華は子どものころから無口で、自分の考えを言葉にすることが苦手なタイプ。このペアでコミュニケーションの問題があったとすれば、礼華が佳穂に遠慮しているか、伝え切れないかのどちらか。普段、周りに人がいる状況ではよくても、練習や試合で2人きりで向き合ったときにどうなのか……。今後、経験とともにコミュニケーション能力が上がれば、選手としても大きく変わるんではないかと思っています。

――近い将来、日本人ペアがメダルを獲る可能性はあると思いますか？

あると思いますね。日本人選手には高い技術があるので、それをミスなく決めるメンタルを強化していけばね。海外では大きい選手を相手にすることになりますが、日本人選手でも二見（梓）さんや橋本（涼加）さんなど、大型の選手も出てきている。彼女たちなら高い位置でブロックを引っかけることもできるし、高さと幅があれば、ブロック力が安定するので、レシーバーに余裕ができますから。

また、高さがない選手でも、風に対応するために、速いボールや強いボールを上げる力をつけていけば、十分対抗できると思っています。

――メンタルを強くするにはどうしたらいいでしょう？

今の自分に満足しないことですね。満足せずに上を追い求めていくこと。そして、それを継続すること。途中でやっぱり無理だと諦めてしまうのか、自分を信じてやり続けられるかです。

――ビーチバレーの人気を高める方法については？

まず、オリンピックでメダルを獲れる選手を育てるのが第一だと思います。私が4位になったときとは競技人口も違いますし、ルールも変わりましたけど、オリンピックでメダルが獲れるようになれば、競技としての注目度が必ず変わってくるはず。子どもたちの憧れになるようなスター選手が生まれれば、国内のビーチバレー人気も高まると思っています。

――佐伯さんは、今後ビーチバレー界でどんな活動を目指していますか？

とにかく、メダルを目指せる選手を育てたいです。そのためには、今はまず地元・愛媛の整った環境を有効活用したいと思っています。先ほどお話しした村上礼華は、私が育成した最初の選手なのですが、私がコーチを務めている松山東雲女子大学を卒業した後、「ダイキアクシス」という愛媛の会社に所属して、ビーチ選手としてプレーを続けている。地元の大学と企業が一緒になって選手を育成できる、愛媛の環境はすばらしいと思っています。

また、現在は自分でクラブを立ち上げ、ビーチとインドア両方の教室を開いていますし、大学の授業もしている。本当にいろいろなことをやっています。たまに「本当にやりたいことは何だろう」って考えることもありますが、こうしていろいろな場所でバレーボールの指導をしたり、環境を整備するのはとても楽しいです。

――最後に、東京五輪への出場を決めた石井美樹・村上めぐみペアにひと言お願いします。

石井選手は高さを補う瞬発力と機動力をもっていて、メンタルも強い。でも、世界の選手と対峙するには、やっぱりパワーが必要です。厳しい戦いになるとは思いますが、高い技術力を駆使してがんばってほしい。

開催国として戦うのは、だれもが経験できることではないので、コートに立つまで最大限の準備をして、本番では試合も、会場の雰囲気も楽しんでほしいですね。

――ありがとうございました。

Mika◆Saiki

佐伯美香

さいき・みか

1971年９月25日生まれ、愛媛県出身。身長172センチ。京都府成安女子高校卒業後、ユニチカに入社
1995年Vリーグでの15年ぶりの優勝に貢献し、ワールドカップでも活躍
1996年アトランタオリンピック出場。1997年ビーチバレーに転向しダイキヒメッツに入団、プロ選手となる
2000年ワールドツアー大阪大会準優勝、シドニーオリンピックで４位
一時引退したが2002年に現役復帰
2007年ジャパンツアー第３戦、第４戦優勝。2008年北京オリンピックに出場
現在は松山東雲短大・大学の女子バレーボール部コーチなど、指導者としての道を歩む

東京 2020五輪出場を決めた 海外ペア8組

**東京 2020五輪出場を決めた
海外選手8組、16名を紹介！
果たしてゴールドメダルを手にするのは……？**

※ここで紹介するペアは東京 2020五輪出場を決めた全ペアではありません

Women's beach volleyball player overseas edition

WORLD

Melissa Humana-Paredes & Sarah Pavan
CAN ／ CANADA

Alexandra Klineman & April Ross
USA ／ UNITED STATES OF AMERICA

Ágatha Bednarczuk & Eduarda Santos Lisboa
BRA ／ REPÚBLICA FEDERATIVA DO BRASIL

Kelly Claes & Sarah Sponcil
USA ／ UNITED STATES OF AMERICA

Anouk Vergé-Dépré & Joana Heidrich
SUI ／ SCHWEIZERISCHE EIDGENOSSENSCHAFT

Sanne Keizer & Madelein Meppelink
NED ／ NEDERLAND

Barbora Hermannová & Marketa Slukova
CZE ／ CZECH REPUBLIC

Julia Sude & Karla Borger
GER ／ GERMANY

CAN

カナダ

Melissa ♣ Humana-Paredes

ČESKÝ
VOLEJBA
1921—2021
FIVB
2
CA
WORLD TOUR
BANKA
OSTRAVA

MIKASA
FIVB
1
CAN
BANKA
OSTRAVA

Sarah ♣ Pavan

USA

アメリカ

Alexandra ♣ Klineman

April ♣ Ross

BRA

ブラジル

Ágatha • Bednarczuk

Eduarda Santos ♣ Lisboa

USA

アメリカ

Kelly ♣ Claes

Sarah ♣ Sponcil

SUI

スイス

Anouk ♣ Vergé-Dépré

Joana♣Heidrich

NED

オランダ

Sanne♣Keizer

Madelein ♣ Meppelink

CZE

チェコ

Barbora♣Hermannová

Marketa ♣ Slukova

GER

ドイツ

Julia ♣ Sude

Karla ♣ Borger

Beach Volleyball OLYMPICS Women's Medallists List

オリンピック ビーチバレーボール競技 女子選手メダリスト一覧

🇧🇷	ブラジル
🇺🇸	アメリカ
🇦🇺	オーストラリア
🇨🇳	中国
🇩🇪	ドイツ

1996 アトランタ
Atlanta Olympics women's medallists

- Gold ● Jackie Silva & Sandra Pires 🇧🇷
- Silver ● Mônica Rodrigues & Adriana Samuel 🇧🇷
- Bronze ● Natalie Cook & Kerri-Ann Pottharst 🇦🇺

2000 シドニー
Sydney Olympics women's medallists

- Gold ● Natalie Cook & Kerri-Ann Pottharst 🇦🇺
- Silver ● Adriana Behar & Shelda Bede 🇧🇷
- Bronze ● Sandra Pires & Adriana Samuel 🇧🇷

2004 アテネ
Athens Olympics women's medallists

- Gold ● Kerri Walsh & Misty May 🇺🇸
- Silver ● Adriana Behar & Shelda Bede 🇧🇷
- Bronze ● Holly McPeak & Elaine Youngs 🇺🇸

2008 北京
Beijing Olympics women's medallists

- Gold ● Misty May-Treanor & Kerri Walsh 🇺🇸
- Silver ● Tian Jia & Wang Jie 🇨🇳
- Bronze ● Zhang Xi & Xue Chen 🇨🇳

2012 ロンドン
London Olympics women's medallists

- Gold ● Misty May-Treanor & Kerri Walsh Jennings 🇺🇸
- Silver ● Jennifer Kessy & April Ross 🇺🇸
- Bronze ● Larissa França & Juliana Felisberta Da Silva 🇧🇷

2016 リオ・デ・ジャネイロ
Rio de Janeiro Olympics women's medallists

- Gold ● Laura Ludwig & Kira Walkenhorst 🇩🇪
- Silver ● Ágatha Bednarczuk & Bárbara Seixas de Freitas 🇧🇷
- Bronze ● Kerri Walsh Jennings & April Ross 🇺🇸

Legend of Beach Volleyball 3

ビーチバレー界を彩った女性たち

Shinako Tanaka

田中姿子

国内大会優勝回数NO.1 田中姿子が語る
ビーチバレーの「過去」「現在」「未来」

ビーチ選手としての長いキャリアと
輝かしい実績をもつ田中姿子さん
そんな田中さんにビーチバレー界の過去と現在
そして未来への展望を率直に語ってもらった

「できないことの面白さ」から
スタートしたビーチへの道

——田中さんのバレーボール歴を教えてください。

バレーボールをはじめたのは小学校3年生のとき。そして、高校卒業後にインドア選手として日立ベルフィーユに入りました。その年に大阪で開催されたビーチバレーのジャパンレディースという大会に、Vリーグ枠で出場させてもらったことが、ビーチバレーとの出会いとなりました。

——ビーチへ転校しようと思ったきっかけは？

ジャパンレディースに出場してみて、すごく楽しかったんです。全然思うようにできないことが面白くてね（笑）。インドアであれほどやってきたのに「今まで自分は一体何をやってたんだ?」って思うぐらいできなかったんです。

そのときたまたま、ビーチバレーのワールドツアー大会も同じ大阪で行われていて「どうしたらこっちの大会に出場できるのだろう? いつかこっちでもやってみたい」って思ったのがきっかけですね。

——実際にビーチに転向したのはいつごろのことですか？

第9回Vリーグで優勝したシーズン後の2003年の春ですかね。その1年前に日立の先輩だった久美（中田久美）さんが「ビーチウィンズ」という、ビーチ選手を集めた団体の結成に関わっていて「ビーチをやる気があるなら、椿本（真恵）さんとペアを組んでみない?」って声をかけてくれたんです。パートナーをどのように探すのかもわからなかった私にとってはそのひと言が、ビーチバレー選手として活動するチャンスとなりました。

幸いにも久美さんをサポートしていた企業が、椿本さんと私の遠征費にかかる費用をサポートしてくださることになり、ビーチバレー選手として本当に恵まれたスタートを切ることができたんです。

——ビーチをはじめてみて楽しかったことは？

初めて参加したワールドツアーでは、参加経験のある椿本さんが一緒だったので心強かったです。楽しかったのは、いろいろな国で現地の人が買い物をするスーパーに行ったこと。椿本さんは食の知識が豊富で「このワインは安いけどおいしい」とか、「このお酒に合うチーズはこれ」といったように、いろいろ教えてくれた。イタリアのスーパーで買ったドライトマトとチーズの

Shinako♠Tanaka

味は、今でも忘れられません。

——逆に大変だったことは？

ビーチとインドアでは環境面が大きく違います。ビーチ選手はまず、練習相手や練習場所も自分で探さなくてはいけません。ユニフォームも自分たちで手配します。もちろんマネージャーなど存在しませんから、飛行機のチケットやホテルの予約も自分たちでするのが当たり前なんです。ホント何から何まで自分たちで決めて、すべて手配する。最初はかなり戸惑いましたね。インドア時代は、実業団チームに所属してさえいれば、当たり前のようにユニフォームは支給され、活動に必要なことはすべてマネージャーがやってくれます。電車や飛行機のチケットの購入法を知らなくても何ら問題ない。ビーチに転向してはじめて、今までホントぬるま湯に浸かっていたんだなぁって思いましたね。

環境を劇的に変えた浅尾美和の存在

——ビーチバレーと言えば浅尾美和さんの名前を思い浮かべる人は多いと思いますが、彼女との思い出は？

美和（浅尾美和）がデビューした後、一気にビーチ界が盛り上がりましたね。私がビーチバレーをはじめてから一番良かった時代だと思います。彼女は私より1年遅く2004年にインドアからビーチに転向したんですけど、最初はそれほど目立った選手ではなかったんですよね。自宅から平塚の練習場までジャージで来るぐらいでしたから……。高校を卒業して上京したばっかりだったので、まだ部活の延長のような気持ちだったんでしょうね。周りの人から「さすがにジャージで電車に乗るのは、やめたほうがいいよ」って言われてましたから（笑）。

ところが、あるテレビ番組に出演したことがきっかけで、一挙に彼女の人気に火がつき、いつの間にか〝ビーチの妖精〟って呼ばれ、注目を集める存在になっていったんです。ほとんどの試合でコンスタントに賞金が出るようになり、賞金額もアップしていきました。また、試合会場に観客席ができるなど、ビーチを取り巻く環境がグッと良くなりましたね。

テレビでもビーチバレーが取り上げられ、すべての試合結果が新聞にも掲載されるようになったんです。これらは美和の人気のお陰だと思っています。

地の利を活かして上位をねらってほしい

——現在の日本選手の実力をどう見ていらっしゃいますか？

東京2020オリンピックは、男女ともに開催国枠が1つあるので日本チームも出場できますが、これまでオリンピックにはなかなか出場すらできなかったのが日本チームの現実ですから、世界との差はまだまだ大きいと思います。もし今回も出場権を獲る必要があったとしたら、正直、出場は厳しかったのではないかと思いますね。

女子の代表は石井美樹・村上めぐみペアに決まりましたが、出場権が獲れる世界ランクの15位までに確実に入れるかどうかは現時点で微妙なラインになります。コロナ禍の影響でいろいろな大会が中止になってしまったのでね……。

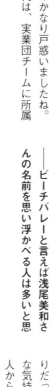

そういう状況になる前まで、彼女たちは調子が良かったので、世界ランクももっと上位になっていた可能性も十分考えられますけどね。

村上さんは身長168cmと小柄ですが、小さい選手でもテクニックや攻撃の読みがあれば世界と戦えるということを彼女が証明してくれています。世界の上位チームにも勝ったことがあるペア

なので、東京2020では地の利も活かしてがんばってほしいと思います。

現状の課題をクリアしてより良い環境を作りたい

——ビーチバレー界の現状をどう思われますか？

ビーチバレー連盟がバレーボール協会の傘下に入ったのは2014年ころ。それ以降、協会がビーチを主導してきたわけですが、今でもまだ、いろいろな面で手さぐり状態というのが実情です。「ビーチはこれから」と、ずっと言われ続けていますが、同じ競技に関わる人たちは、より良い形で1つにまとまっていければ、もっとビーチ界は伸びていくはずだと思っています。

——選手たちのプレー環境はどうですか？

以前に比べれば、少しずつではありますが環境面は改善されてきていると思います。JOCには「アスナビ」という就職支援制度があり、それを活用して所属先が決まった選手が何人かいますしね。所属先が決まれば、経済的にも安心して競技に取り組めるので、こういう制度は選手にとってメリットが大きいと思います。

昔はアルバイトをしながら活動をする選手も多かったんです。現在の男子日本代表の白鳥（勝浩）さんも、昔はそうでしたからね。今はそういう選手は少なくなったと思いますが、それでも企業に所属することができず、アルバイトをしないと食べていけない選手がまだまだいるのも事実。アスリートは実力社会なので難しい面があるとは思いますが、選手たちの経済面へのサポート体制がもっと充実するといいなぁといつも思っています。

代表チームのユニフォームは、2006年のドーハアジア大会前にデサントさんが提供してくれるようになりました。それまでは選手自身でユニフォームやウェアを手配する必要がありましたが、それがなくなったのはすごくありがたかったですね。国体の種目になったことで、若いときからビーチバレーを経験する機会が増えたり、ビーチコートが設置されている場所も全国的に増えてきているので、練習場所に困ることがなくなってきたのもうれしいことです。

——今後、ビーチの強化に必要なことは？

ビーチバレーの場合、コーチは選手自ら探さなくてはいけないのですが、コーチの数が圧倒的に少ないんです。世界的に見てもそうで、海外で有名なコーチは、いろいろな国を転々として

いるのが実情です。
現在、日本人でコーチとして実績があるのは、望月 剛さんや渥美義弘さん、川合 庶さん、佐伯美香さん、高橋有紀子さんなど数名しかいないのが実情。もっと指導陣を厚くしていくことも今後の課題だと思います。

インドアとビーチの相乗効果を期待したい

——今後のビーチ界に望むことは何ですか？

個人的には、やはり選手がプロとして食べていける世界になることが理想ですね。そのためにはまず、マーケットを大きくしていくことが必要だと思います。
今はコロナ禍の影響で、海外との交流が思うようにできませんが、近い将来、外国の選手を日本に呼んで、多くの試合を開催できる環境が作れるといいですね。そうすれば観客も日本人だけではなく、海外からも見込めますから。ある国のヒーローが来たら、きっとその国の人も応援に来ると思うので、そういうことができるようになれば、もっとビーチは面白くなると思います。海外のカッコいい選手たちを日本で見られる機会が増えてほしいですね。

——そのためには選手や協会として、どうしていったらいいと思いますか？

ビーチを盛り上げたいとビーチバレーに興味・関心をもってくれる人や企業など多くの人を巻き込むことが大事。そして選手たち自身が、「1億円稼げる超一流のプレーヤーになりたい」とか、さらに志を高くもって邁進すること。私自身としても、そういうことを実現できる仕組みや方法を考えていきたいと思っています。

——ビーチバレーの人気を高めるには、どうしたらいいと考えていますか？

もっとビーチに気軽に触れて、楽しさを知ってもらう機会を増やしていく必要があると思います。プロを目指したいと思っている人には、ビーチのいろいろな情報がすぐにわかるシステムが必要かもしれません。
例えば、国内の大会に出場できる仕組みとか、世界のランキングに入るために必要なこととか賞金獲得のできる試合や金額とか……。日々いろいろな可能性が広がっているので、上の世界があることをより多くの方々に知ってほしい。世界のトップの人たちに興味をもって、自分もああなりたいと思う人がどんどん増えたらいいなと思います。
また、インドア経験のある選手に、どんどんビーチに入ってきてほしい。ビーチはインドアよりも長く続けられる競技なので、体力が多少落ちても、経験やテクニックを身につければ勝つことができますから。インドアとビーチの垣根を越えて行き来できるようになれば、相乗効果でバレー界全体的が盛り上がっていくのではないかと思う。1日も早くそうなることを願っています。

——ありがとうございました。

Shinako Tanaka

田中姿子

たなか しなこ

1975年7月28日生まれ、埼玉県川越市出身。身長172cm。小学校3年生からバレーボールをはじめ
川越商業高校時代に春高バレーや国体に出場。1994年より日立ベルフィーユに所属
2001年同チームが廃部になり、NECレッドロケッツに移籍
全日本代表として2001年ワールドグランドチャンピオンズカップ、2002年世界選手権に出場
2003年にロシアのディナモ・モスクワに移籍。2004年よりビーチバレーに転向
2006年ジャパンレディース、マーメイドカップで優勝。同年ファイテンJBVジャパンツアー優勝4回、準優勝1回（年間総合優勝）
同年ドーハ・アジア大会で銀メダルを獲得。2020年、日本バレーボール協会が新設したスノーバレー担当に着任した
現在、日本ビーチバレーボール連盟強化委員会の委員も務めている

♣

世界の美女選手を一挙公開!

**ここではカメラマン秘蔵写真の中から
世界のビーチを彩る美女選手を一挙にご紹介！
こんな美女プレーヤーを間近にすれば
ビーチファンが増えるのも納得!?**

Beauty players in the world

BEAUTY

- Melissa Humana
- Joana Heidrich
- Barbara hermannova
- Brandie Wilkerson
- Xinyi Xia
- Marta Menegatti
- Sarah Sponcil

Marta • Menegatti

Joana • Heidrich

Melissa • Humana

Brandie • Wilkerson

Barbora • Hermanova

Xinyi • Xia

Sarah • Sponcil

ここを見ればビーチバレーは100倍楽しい!

初心者 観戦講座

東京2020大会でも熱戦が繰り広げられるビーチバレー
でも、インドアは見たことあるけど、ビーチバレーはまだ……という人も多いのでは!?
そこで、そんなビーチ初心者に向けて知っておくと試合観戦がグンと楽しくなる基礎知識を紹介しましょう!

プレーの基本

ビーチバレーはインドアのバレーボールから発展した競技。1チーム2人制と4人制がありますが、公式試合は通常2人制とされ、規約も2人制が基準です。ペアそれぞれがオールラウンドプレーヤーとして、攻撃と守備の両方をこなすのがプレーの基本。広いコートを2人でカバーするため、スピーディで迫力あるプレーや、相手との駆け引きなどが競技としての見どころ。

太陽光や風など、自然条件を考慮しながらプレーしなければならないため、インドアとはまたひと味違った魅力があります。

試合の特色やルールを知っておけば、注目すべき観戦ポイントがわかるようになるので、ここでご紹介する基礎知識をぜひ頭に入れておきましょう。

設備・用具について

【砂】

ケガを防止するため、コートは石や貝殻などが混入していない砂を均一にならして使用されます。会場によって硬い砂、柔らかい砂など、砂質は若干異なり、色が白いと太陽光の照り返しでまぶしく、黒いと光を吸収して砂が熱くなる傾向があります。

【ボール】

国際バレーボール連盟(FIVB)により公認された明るい単色、または複数の色の組み合わせのビーチバレーボール専用球を使用します。円周66~68cm、重さ260~280g。内気圧は171~221mbarとインドアのボールよりやや気圧が低いため、スピードが出にくく、風の影響を受けやすいのが特徴です。

【ユニフォーム】

①ペアのユニフォームは、形状や長さ、色など同じものを着用すること。②ユニフォームとは異なる色で、1番と2番のナンバーを前面(胸)と背面に表記すること。③男子のユニフォームのパンツ丈は、ひざより短くすること。この3点が大まかな基本規定。

女子の場合、以前は「タンクトップに、サイド幅7cm以下のビキニパンツ」という国際基準がありましたが、2012年以降、袖付きのシャツやショートパンツ、また、寒さ対策としてボディスーツの着用も認められるようになり、徐々に自由度が高くなってきています。

サングラスやサンバイザー、帽子の着用も認められていますが、足元は裸足であることが必須条件です。

基本用語

【技術関連】

●サーブ/主審が笛を吹いた後、相手コートにボールを打ち込むプレー。サービスゾーンから手または腕の一部で打たなくてはならない

●レシーブ/相手陣から来るボールを受ける動作のこと。サーブを受けることを「レセプション」、スパイクを受けることを「ディグ」と呼ぶが、その総称

●トス/味方の攻撃を目的としてスパイカーにボールを上げるパスのこと。トスを上げる動作は「セット」と呼ばれる。

●スパイク/ジャンプしてボールを打ち込む攻撃のこと

●フェイント/相手コートにゆるく返球するスパイクの総称。ブロックの横や後ろのディフェンス側の穴をねらうことが多い

●ブロック/相手のスパイク、フェイントなどの攻撃を、ジャンプして腕で壁を作って遮断するプレーのこと

●サービスエース/サーブが直接相手コートに落ちる、または相手選手がボールをはじくなどして得点した場合を指す

●シャットアウト/ブロックで相手コートにボールを落とし、得点すること

●ブロックアウト/相手ブロッカーの手に意図的にスパイクを当て、ボールをコートの外にはじき出してアウトにするこ

【コートとアンテナ】

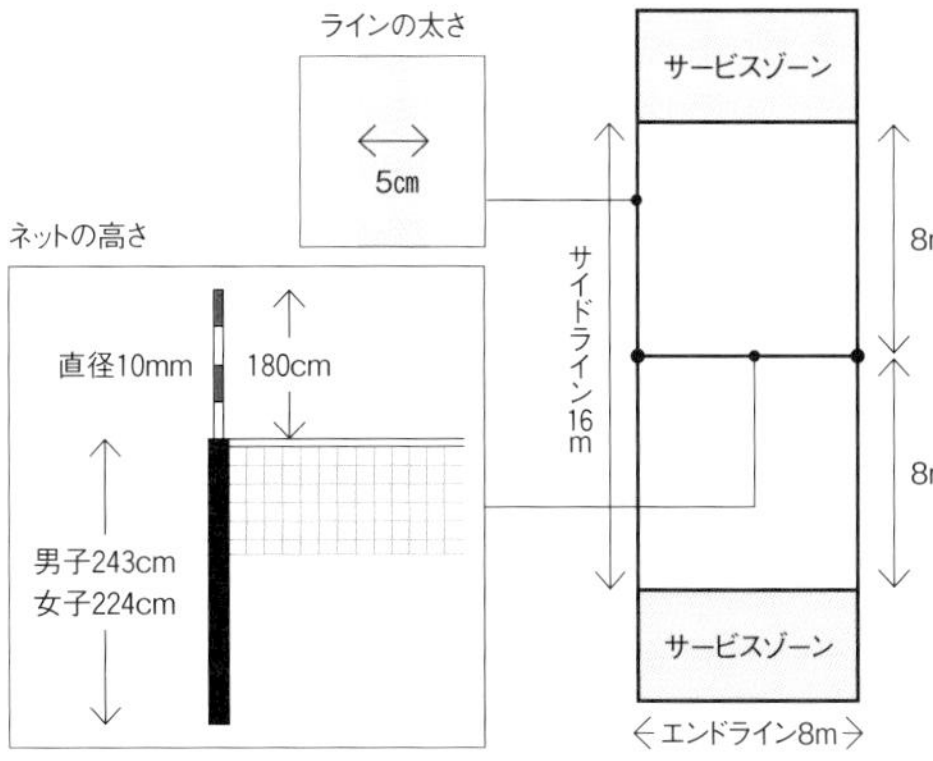

プレーに関するルール

【チーム構成】

チームの構成人数は2人で、控え選手を登録することはできません。

【試合形式】

1セット21点の3セットマッチで行われ、2セット先取したチームが勝者となります（1対1で迎えた3セット目は、15点を先取したほうが勝者となる）。デュースの場合はインドア同様、2点差がつくまで試合が続行されます。ラリーポイント制を採用しており、サーブ権のあるなしにかかわらず、ラリーに勝ったほうに得点が与えられます。サーブレシーブ側が得点すると、サーブ権もそちらに移動します。

【コートチェンジ】

風や太陽など環境に左右されるため、両チームの点数の合計が7の倍数（たとえば4-3、12-9など）になるごとにコートチェンジを行います。3セット目は15点マッチのため、両チームの点数の合計が5の倍数になるごとにコートチェンジが行われます。

【ポジション】

コート内のポジションは自由で、前衛・後衛のような決まりはなく、2人がローテーションを組んで動く必要もありません。コート内外を自由に動き回ることができますが、サーブが打たれるときはコート内にいなければなりません。

【テクニカルタイムアウト】

1セット目と2セット目は、両チームの得点合計が21点になったときに、自動的に両チームに30秒のタイムアウトが与えられます。ほかに、1セットで1回、各チーム30秒のタイムアウトを取ることができます。

【サーブ】

相手チームにサーブ権が移るまで、同じ選手がサーブを打ち続けます。トスは1回で、ミスをしたらやり直しはできません。サーブを打つ順番を間違えると反則となり、相手チームの得点になります。また、サーブを打つ側のもう1人の選手が、サーバーやサービスボールのコースを相手チームに見えなくするような妨害行為をすると、「スクリーン」という反則が取られ、相手チームに1点が加算されます。

【ボールタッチ】

レシーブやパスなど、ボールタッチは体のどの部分を使ってもOKで、3回以内のタッチで相手コートへ返球します。

【スパイク】

明らかにボールを「ヒット（打つ）」するプレーでなければならず、指の腹を使ってボールを押し出すプレー（ティップと呼ばれる）は禁止されています。ただし、指の甲側を使ってボールを押し出すプレー（ポーキーと呼ばれる）や、指先を使ってボールをコントロールするプレー（コブラショットと呼ばれる）は可能です。

【ブロック】

ブロックのワンタッチは1回と数えられるので、残り2回で相手コートに返球しなければなりません。ブロックした選手はブロック後も連続してボールに触ることができます。

と

●オーバーハンドパス　腕を肩より上に上げ、両手と指でボールを上げること。相手の強いスパイクをとっさにカットしたり、トスを上げたりするときのみ認められている。インドアバレーよりも厳しくチェックされ、肩の線に対して直角方向のみ可能。ただし、指先がバラついていたり、左右の手を出したときのタイミングが少しでもズレた場合は「ダブルコンタクト」の反則となる

●アンダーハンドパス　腕を伸ばして両手を組み、手首付近でボールを受ける動作

【ルールその他】

●ラリーポイント制　サーブ権のある側だけでなく、サーブレシーブ側がラリーに勝っても得点になる（得点したほうにサーブ権も移る）制度

●ダブルコンタクト　同一選手が連続して2回ボールに触れること。かつては「ドリブル」と呼ばれていた反則

●キャッチ　ボールをつかむ、または止めてしまった場合に取られる反則

●オーバーネット　相手チームのアタックヒットの前または足中にそのプレーを妨害しない限り、ブロッカーはネットを超えてボールに触れることができる

Ryoko Tokuno

徳野涼子

「オリンピック出場」を目指して飛び込んだビーチへの道

これまで選手、監督という異なる立場で
２度のオリンピック出場を果たした徳野涼子さん
現在は審判員という立場でビーチに関わっている彼女に
改めてご自身のオリンピック・ヒストリーと選手時代の数々の思い出
そしてビーチバレーへの熱い思いを語ってもらった

"ご褒美"につられて進んだビーチへの道

──バレーボールをはじめたきっかけは何ですか？

小学校4年生のとき、テレビでロス五輪の女子バレーを見たのがきっかけでした。三屋（裕子）さんや江上（由美）さん、中田（久美）さんなどが出場されていた試合でしたね。確か中田さんは当時史上最年少15歳で、全日本デビューしたばかりのときだったと思います。

オリンピックで銅メダルを獲ったのを見て、女子バレーの選手ってスゴイなあ、カッコいいなあって憧れて、自分もやってみたいと思うようになったんです。

──学生時代の主な戦績は？

中学から本格的にはじめたんですが、全日本中学校大会で3位、高校ではインターハイと国体に出場しました。チームとしては上位入賞すら叶わなかったんですけど、3年生のときのインターハイでは優秀選手賞をいただきました。大学ではインカレで準優勝したのが最高です。

──大学卒業後、なぜインドアではなくビーチに進んだのですか？

ビーチと初めて出会ったのは大学時

代で、インドアでのトレーニングの一環として、茨城県の大洗海岸に行って、ビーチの大会に出たり、練習したりしたことがあったんですよね。そのときペアでプレーするには、いろいろなプレーを自分が責任をもってやらなくちゃいけないんだなと実感して。難しい反面、そこがとても面白く感じられたんです。

　そのうえ賞金が出たり、副賞があったりと〝ご褒美〟もある。「ビーチでオリンピックを目指せるかも」って思ってしまったんです（笑）。それで、大学卒業後にダイキヒメッツに入部させていただき、本格的にビーチをはじめたんです。

――ビーチ選手になってから目標としたことは何ですか？

　オリンピック出場です。当時ダイキヒメッツには佐伯（美香）さんも所属していて「シドニー五輪でメダルを獲る」っていうのが目標だったんです。だから、私もまずはそこを目指してがんばりました。楠原さんとのペアでしたけど、悔しいことに出場権を逃してしまって……。それで、2人して次のアテネでは「必ず出場権は獲る！」って固く心に誓って練習したんです。

――アテネを目指す道程でいちばん大変だったことは何ですか？

　応援してくれる人たちに「出場権獲得」っていう朗報が届けられるかどうかということがプレッシャーになってしまって……。とても苦しい思いをしました。出場権が決まる最後の大会では「もしここで出場権を逃したら、日本に帰れない」っていう気持ちでしたからね。

　当時は、オリンピックランキングの上位23チームしかオリンピックに行けなかったんですが、最終戦までもつれ込んでしまって……。最終戦で何とか出場権を獲得できたときは、本当にうれしくて天にも昇る思いでした（笑）。

――ビーチの選手としていちばんの思い出は？

　ウーン、いっぱいありすぎてちょっと迷いますね……。でもやっぱり、今言ったアテネ五輪の出場権を獲得した瞬間がいちばんいい思い出ですね。そして、オリンピックで1勝できたことも一生忘れられない。

――その1勝はどういう状況だったんですか？

　まずはグループの予選があって、4チームで戦ったんですけど、日本のランキングがいちばん低くて、1勝できるかどうかという状況だったんです。でも、3戦目で自分たちの力を全部出し切って、ランク上位だったオランダチームに勝つことができたんです。

――大金星!?

　ホントにそうです！

――では、逆にビーチ選手としていちばん辛かったことは？

　シドニー五輪に出場できなかったことですね。自分では精一杯努力したと思っていたんですが、結果が出なかったわけですからね……。でもそこからは、こういうときはこうすればいいとか、勝つスタイルも徐々にわかってきて、辛いことも少なくなっていった気がします。

――ビーチとインドアではトレーニング法は違いますか？

　筋力トレーニングなどは、ビーチもインドアも基本的に同じです。でも、砂の上で動くと筋肉痛になる部位が背中や足の裏側、お尻といった体の裏面なんですよね。インドアでは経験のない部分の筋肉痛なので、そういったところのトレーニングは、ビーチのほうが時間をかけてやってましたね。

――ペアを組んだ選手の中でいちばんコンビ間がスムーズだった選手はどなたでしたか？

　ワンシーズンとかツーシーズンとか、固定してプレーした相手は2人ぐらいしかいないんですけど、やはり、アテネ五輪に一緒に出た楠原さんですね。スムーズっていう言い方が正しいのかどうかはわからないんですけれど、私にとって必要なものをすべてもっている選手でしたから、ペアを組んで良かったと思っています。

――それは精神面でもですか？

　そうですね。楠原さんは中学のときからの仲間で、いろいろ面倒を見てきましたし、何でも言い合える関係だったんです。面倒を見たのは私のほうだって、彼女に言われそうですけど（笑）。お互い相手の性格がよくわかっているので、言いたいことを言うし、言わなくてもわかる、みたいな部分がありましたからね。

――ペアの相手を決めるときの条件というか、基準は何でしたか？

　一緒にいて楽しいとか、そういうことではなくて、自分を必要としてくれるかどうかと、自分にないものをもっている人かどうかですね。

――どういうペアがベストだと思いますか？

　目標が同じ人がベストだと思います。いつも高い目標をもってやりますけど、目指すゴールが違っていると、途中で理解できないことも出てくる。そうなるといろいろなところに軋轢が生まれて、プレーに影響してしまうんですよね。

選手以上に大変だった監督としてのオリンピック

——北京五輪では監督を務められましたが、就任した経緯は？

アテネ五輪の後に現役を引退したんですが、次の北京を目指していた佐伯さんと楠原さんがペアを組むことになったので、監督という形でサポートさせていただいたんです。

——監督を務めた感想は？

ものすごくしんどかった（笑）。やっぱり試合で選手たちはピリピリしますから、意図的にリラックスした状態を作るのがいいのか、リフレッシュできるようなことを提供するのがいいのか、すごく悩みました。選手たちの状況に応じて何かを提供するっていうのは、ホント気苦労が絶えない。選手のほうがまだ気が楽だなぁってすごく思いましたよ。

——具体的にどんなことをされたんですか？

とにかく、2人にしゃべりかけてました（笑）。佐伯さんと楠原さんの間を取りもつというか、何かプラスアルファになるような力が必要だと思って、しゃべりまくってた。普段の空気を作るように心がけていたんですよね。でも、けっこうそれって難しくて……。一歩間違うと逆効果になったりしますからね。実際「アッ！これは外した」って思ったこともありましたし（笑）。

——今度の東京2020大会にも参加されるとお聞きしました。

縁あって現役引退後、審判活動をすることになり、東京2020大会でも国際審判員を補佐する日本の審判団の1人として、記録員を担当することになっていたんです。でも、母親がケガをしてしまい、オリンピック期間中に手術を受けなければならなくなってしまって、辞退することにしました。私としては3回目のオリンピックということもあり、裏方としてがんばろうと思っていたんですけどね。急なことだったのでともに研修を重ねた仲間や関係者のみなさんにもご迷惑をかける結果となってしまい、本当に申し訳ない気持ちでいます。

——そうだったんですか……。それは残念でしたけど、お母様の体には代えられないですものね。

そうですね。私しか母親の面倒を見る人間がいないので……。でもまあ、母親のことは別として、コロナ禍という状況の中で、五輪に関わるというのは正直言って複雑な気持ちでもあったんです。職場や家庭など、いろいろなものを背負っていますからね……。それに、開催に反対する声が多い中で、東京2020に参加するのは少し怖いっていう気持ちもありましたし……。

でも、スポーツが好きな人なら、選手としてではなくても、参加することで貴重な経験ができるし、思い出も作れると思うんです。だから、今私が教えている高校生たちにも「オリンピックに参加するのは、選手だけじゃないんだよ」っていうことをしっかり伝えていきたいと思っています。

——バレーをはじめられたころは、ここまでオリンピックに関わるなんて思っていなかったのでは？

友達が教えてくれたんですけど、中学校のときの文集に私が「いつかオリンピックに出場したい！」って書いていたらしいんです。私自身は、そんなことすっかり忘れていたんですが、今振り返ると、我ながら実現できたのは確かにスゴイと思いますね（笑）。

——今振り返ってみて、ビーチとインドアではどちらが難しかったですか？

ビーチですね。すべてのプレーを完璧にこなさなければいけませんから。レシーブを上げるだけじゃなく、セッターのように正確なトスも上げなくちゃいけない。そして攻撃力が備わっていないと点が取れないし、サーブの正確性も攻撃として重要。オールマイティーでないと上には行けませんから。

ただ、難しい反面、選手同士の関係性がわかりやすいし、楽しさを感じられるのもビーチなんです。インドアから一度ビーチを経験して、再びインドアに戻るっていうのもアリだと思う。インドアでのプレーに反映できることが、ビーチにはたくさんあるんですよ。

——ビーチバレーでは監督がベンチに入れませんが、選手にサインを送るのもダメなんですか？

ダメです。現役時代、バレたチームは罰金が科せられていました。全部選手自身が責任をもたないといけないので、メンタル面でもなかなか厳しいスポーツでもありますね。でも、その分やりがいもありますけど。

強くなるにはAIのような精度の高いプレーが必要

——今、最も期待している日本人選手はだれですか？

東京2020の出場が決まった、村上めぐみ選手です。大きい選手にとっては、できて当たり前のプレーもありますが、彼女は小さいのに大型選手と同等のプレーができるのがスゴイ。それにすごくがんばり屋なんですよ。

——外国選手で注目している選手は？

正直言って、コロナ禍のせいであま

り海外の選手を見ていないんですが、アテネ五輪の金メダリストで、当時私も対戦相手したことがある、アメリカ代表のケリー・ウォルシュ選手ですかね。現時点でのオリンピックランキングを見ると、上位にランクされているので、きっと東京２０２０にも出場すると思います。

――東京２０２０に出場する石井・村上ペアはどんなチームですか？

緻密なプレーをするし、とても真面目なチームです。ペアとしてのキャリアも長いので、息の合ったいいプレーを見せてくれると思います。

――日本選手がオリンピックで上位入賞するためには、何がいちばん必要だと思いますか？

高い攻撃力ですね。とにかくトス、スパイクともに精度を上げることが必要だと思います。ロボットのような感覚を身につけていかないと世界に太刀打ちできないんじゃないかと私は思っています。

――世界との差を縮めていくためには何をすべきだと思いますか？

まず第一はサーブ力を磨くこと。相手の攻撃力を弱めるには、まずサーブで崩さないといけないので、打つコースを工夫するとか、より強く、速いサーブを打つことが必要です。それと、高いブロックに対しては、ポーキー（指の背中側を使ったプレー）などを使ってうまくかわすことも大切になります。

海外の選手の野性味あふれるパワフルなプレーに対しては、AIのように速くて正確なプレー、そして緻密なデータ分析に基づいたIDバレーを駆使していかないと、なかなか互角に戦えないと思います。

――ズバリ！　東京２０２０で金メダルを獲得するチームは？

日本の蒸し暑さを考えると予想が難しいんですが、アメリカチームではないような気がしますね……。根性があるチームが強いという予想もあるし、当日のコンディションを含めて天気も左右する。私も日本で真夏に1勝するのが大変でしたから。どこでしょうねぇ……ホントに読めないです（笑）。

――初めてビーチバレーを見る人に向けて、観戦のポイントがあったら教えてください。

コートの中には空いているスペースがあるので、自分だったらあそこに落とすとか、あそこもいけそうだといったように、自分でも選手になったつもりで見ると楽しいと思います。ぜひ、東京２０２０ではビーチバレーを見ていただいて、ビーチの面白さを実感していただけたらうれしいですね。

Ryoko Tokuno

徳野涼子
とくの　りょうこ

1974年８月27日、愛媛県松山市生まれ。身長168cm。筑波大学時代まではインドアのバレーボールをプレー
卒業後ダイキヒメッツに入り、ビーチバレーに転向。楠原千秋選手とペアを組み、ビーチバレージャパンサーキットで
数多くの優勝・準優勝を飾った。2001年にはアジアサーキット、フィリピン・マニラ大会、タイ・トラン大会で優勝し
クイーン・オブ・ザ・ビーチ2001のチャンピオンにも輝いた。2002年にはワールドツアーで4位、アジア大会で銅メダルを獲得
2004年アテネ五輪に出場。2006年に現役を引退し、筑波大学大学院に通う傍ら、日本ビーチ文化振興協会理事を務める
2013年より愛媛県立高校の保健体育科の教諭を務めている

Beachside VENUS
―ビーチバレーの妖精たち―

Office ren編
2021年8月8日第1刷発行

PRODUCTION
オフィス棟

EDITER
山路洋子／伊藤政彦／中野政雄／馬場 誠

WRITER
水谷 翔／佐山奈津子／武井真子／山路洋子／和田方子

DESIGN
I'll Products

PHOTOGRAPHER
萩庭桂太／中川勘五郎／加藤貴史／馬場 誠／市川 亮／Vlastimil Vacek／Karim Levy

HEIR&MAKE
平岡亜矢子

STYLIST
武田ゆう子

写真提供
フォート・キシモト

SPECIAL THANKS
NTTコムウェア株式会社／立飛ホールディングス／里見真理子／ATEYAKA http://ateyakatall.jp/

協力
公益財団法人日本バレーボール協会

編集人
渡辺拓滋

発行人
島野浩二

発行所
株式会社双葉社
〒162-8540東京都新宿区東五軒町3番28号
TEL.03-5261-4818[営業]／03-5261-4829[編集]
http://www.futabasha.co.jp/
（双葉社の書籍・コミック・ムックが買えます）

印刷所
大日本印刷株式会社

ISBN 978-4-575-31638-4 C 0076